Bebas Ishq

अनकहे लफ़्ज़ और टूटी ख़ामोशियाँ

Neeraj Kumar Singh

BookLeaf Publishing
India | USA | UK

Made with ❤ on the BookLeaf Publishing Platform
www.bookleafpub.in
www.bookleafpub.com

Dedication

समर्पित उस परम चेतना को, जिसने टूटे दिल के एहसासों को अल्फ़ाज़ बना दिया।

Preface

मैंने कभी नहीं सोचा था कि एक दिन किताब लिखूँगा। मेरे लिए लिखना कभी कोई सोच-समझकर किया गया काम नहीं था । यह एक राहत थी, एक सहारा था, एक तरह से ज़िंदा रहने की कोशिश। मैंने तभी लिखा, जब दिल टूट चुका था, जब दर्द हद से ज़्यादा बढ़ गया। वो कैफ़ियत इतनी भारी होती थी कि तन्हा उठाई नहीं जाती, इतनी तल्ख़ कि ख़ामोशी में सहना मुश्किल हो जाता था। जब दिल की चीख़ अल्फ़ाज़ों से आगे निकल जाती थी, तो मैं अपने एहसास काग़ज़ पर उकेर देता था। उन लम्हों में काग़ज़ मेरा पंचिंग बैग बन जाता था, मेरा ख़ामोश हमसफ़र – जो हर आँसू, हर सिसकी, और हर काँपती हुई इक़रार को अपने अंदर समेट लेता था, जिसे मैं किसी से कह नहीं पाता था।ये नज़्में तन्हाई की कोख से जन्मी हैं। इन्हें उस शख़्स ने लिखा है जिसके पास अपने सबसे नाज़ुक लम्हों में कोई नहीं था। और फिर भी, बोझिल दिल को ख़ाली करने के लिए, अंदर उठते तूफ़ानों से बच पाने के लिए, मेरे पास बस एक ही रास्ता था – कलम उठाना और अपने जज़्बातों को काग़ज़ पर बह जाने देना।

Acknowledgements

ये किताब मेरी तन्हाई, टूटे हुए दिल और उनसे उबरने के रास्तों से होकर निकली है। उन सभी का शुक्रिया जिन्होंने मेरी ज़िंदगी को किसी न किसी रूप में छुआ और मेरे एहसासों को मुझसे रूबरू करवाया। ख़ास तौर पर इन रचनाओं को मैं अपने सबसे क़रीबी दोस्त रोहित को समर्पित करना चाहूँगा, जिसने कभी हालातों के ऊपर मुझे नहीं छोड़ा और हमेशा सही रास्तों पर चलने का हौसला दिया।

तुम्हारे चले जाने के बाद..

मेरी तन्हाई में तो अब ख़्वाब भी नहीं..
पर मुझे ज़िंदगी से ये *इसरार* भी नहीं।

कल फिर से कुछ कहने वाला था मैं तुमको पर..
ख़याल आया कि खैर छोड़ो, कोई बात नहीं।

कहाँ तक मनाऊँ तुमको और कहाँ तक तुम रूठो..
मैं बहुत थक चुका हूँ यार, पर तुम्हें थकान नहीं।

गुरूर था तुम्हें पाने के बाद ख़ुद पर बहुत मुझे..
दिल जब तोड़ा तुमने, तो अब वो गुमान भी नहीं।

यादों का धुआँ सा उठता है कभी-कभी दिल में..
सीने में शायद *दहक* ही बची है, पर जान नहीं।

कुछ परिन्दे हैं *जो कह जाते हैं मेरे कान में...*
ख़त्म करो सफ़र यहीं, अब तुम्हारी उड़ान नहीं।

जिस्म की अगन है जो *ज़िन्दा* रखे है, नीरज..
वरना तुम्हारी रूह में अब वो जान नहीं।

अँधेरों का रुआब

अँधेरों का रुआब बदस्तूर जारी है..
तूफ़ानों का ख़ुमार क़श्ती पर अभी तलक़ हावी है..

इश्क़ किया था मैंने भी किसी ज़माने में दोस्तों..
उसका नशा ऐसा था कि सर अभी तक भारी है..

अकेलेपन की ज़िद

सोचता हूँ कि क्यूँ मैं नाम बनाऊँ..
क्यूँ किसी के ख़्वाबों में आऊँ।

क्यूँ बनूँ मैं किसी की ख़्वाहिश..
क्यूँ किसी को अपनी चाह बनाऊँ।

मुझे नहीं चाहिए किसी की *क़द्र*..
क्यूँ किसी को अपनी हसरत बनाऊँ।

आगे बढ़ने को कह रहे हो तुम..
बताओ कि आगे बढ़ के कहाँ जाऊँ।

मुझसे तो अब ये लड़ाई होती नहीं अब..
सब हार कर क्या सो जाऊँ।

ख़्वाब देखे थे न जाने कितने..
अब इनका जनाज़ा लेकर कहाँ जाऊँ।

बहुत *शिद्दत* से जीनी थी ज़िंदगी..
अब इस दिल को लेकर कहाँ जाऊँ।

तुम ही तो थे मेरी ज़िंदगी, यारा..
जी चाहता है अब, कि मर जाऊँ।

इश्क़ की राख़ में अब क्या ढूंढते हो, नीरज..
सोच रहा हूँ कि एक जाम पियूँ और सो जाऊँ।

एक छोटी सी ख़्वाहिश

एक छोटी सी ख़्वाहिश मुसलसल रहती है..
मुझको भी समझता कोई ये चाहत रहती है..

कोई तो सुने मेरी इस चुप का शोर..
दिल में एक कील सी चुभी रहती है..

कहने को तो हर शख़्स मुझमें एक दोस्त ढूंढता है..
और मुझे बस उसी की लत लगी रहती है..

यूँ ही निकल पड़ता हूँ बाज़ार-ए-नीलाम में अक्सर..
ख़ुद को बेचने की आदत बनी रहती है..

यूँ ना बहाया करो अश्क सरे-आम..
सूखी आँखों में ख़ुशफ़हमी बनी रहती है..

दिल तो करता है आग लगा दूँ ख़ुद को मगर...
मेरे कमरे में ख़ुदा की तख़्ती टंगी रहती है..

मुझ पर इल्ज़ाम है शौक़-ए-हिज्र का..
महबूब की अदालत में मेरी पेशी लगी रहती है..

दोस्तों से मुलाक़ात, ख़्वाब ओ ख़यालात नहीं रहे..
तन्हाई की अब आदत सी लगी रहती है..

कोई तो लेकर आए मेरे भी महबूब का ख़त यारों..
आँख मुसलसल दरवाज़ों पे लगी रहती है..

तुमसे बात करता हूँ तो थोड़ा चैन पड़ता है..
वरना तो रूह में आग सी लगी रहती है..

इतनी भी शिकायत क्यों है तुम्हें ज़िंदगी से नीरज..
हयात में तो कशमकश बनी ही रहती है..

जब घर जाता हूँ

दिन भर बातें बनाकर जब घर जाता हूँ..
तो तन्हा उस कमरे को देखकर डर जाता हूँ..

छत से पूछता हूँ मुझपर गिर क्यों नहीं जाती..
साँस तो चलती है पर मैं मर जाता हूँ..

कौन सा दर्द कौन से ख़याल में लिखूँ..
ख़ुद को समेटने की कोशिश में बिखर जाता हूँ..

ना ज़ेहन में यार, ना कोई ख़्वाब-ए-विसाल..
अब जीने की वजह ढूँढता हूँ तो खो जाता हूँ..

कितनी हसीन शामें और दिन हुआ करते थे वो..
तेरे तसव्वुर भर से आज भी सँवर जाता हूँ..

अब नहीं रहा वो ख़्वाब, वो इंतज़ार तेरा..
तुझसे कुछ कहते-कहते रह जाता हूँ..

नई ज़िंदगी, नई ख़्वाहिश अब मुझसे तो नहीं होती..
मुझे मुआफ़ करो यारों, मैं अब घर जाता हूँ..

दर्द-ए-दिल और उसपे यार की तड़प..
शराब भी कितनी पियूँ कि थक जाता हूँ..

अश्कों से भरी आँखें और सिहरन ये लबों पर..
अब लफ़्ज़ों में बात करने में घबरा जाता हूँ..

ख़्वाबों का क़त्ल करके और दिल तोड़कर..
ख़ुद के टुकड़े समेट कर मैं फिर सो जाता हूँ..

कैसा इश्क़ है ये

ये कैसा इश्क़ है कि तुम बेचैन नहीं..
तुम इतने मुतमईन कैसे और मुझे चैन नहीं..

कैसे धड़कता है दिल और चलती हैं तेरी साँसें..
मुझमें तो अब ताक़त-ए-गुफ़्तार भी नहीं।

टूट गया हूँ कुछ यूँ हालातों से लड़ते-लड़ते..
मरज़ी तो क्या, अब इंतिख़ाब-ए-ख़्वाब भी नहीं..

एक तरफ़ हिज्र-ए-मुहब्बत, और एक तरफ़ तुम..
इन कशमकशों के जवाब दिल-ए-हैरान में नहीं...

सोचता हूँ ख़ुदा से क्या शिकायत बाक़ी है..
ज़ेहन में तो बचा अब कोई सवाल ही नहीं..

लबों पे आते हैं लफ़्ज़, पर निकलते नहीं।
ज़बान में है थकन इतनी, कि आवाज़ ही नहीं..

क्यूँ है इतनी तुम्हें इज़हार-ए-ग़म की आदत नीरज..
जब दर्द-ए-दिल सुनने को कोई मेहरबाँ ही नहीं..

सोचता हूँ

सोचता हूँ अब उम्र यूँ ही गुज़ार दूँ..
तेरे हिज्र का बोझ अब ख़ुद पर से उतार दूँ..

क्या ही रखना अब किसी से वास्ता अब कोई..
जहान-ए-इश्क़ का क़र्ज़ क्या सर से उतार दूँ..

क्यूँ देखूँ राह कि कोई दस्तक दे दिल पर..
क्यूँ किसी पे यूँ ही दोनों जहाँ वार दूँ..

तुझसे बिछड़ कर ना रहे अब किसी काम के..
बाज़ार में ख़ुद को किस क़ीमत पे उतार दूँ..

मुझसे तो अब मैं कभी मिलता ही नहीं नीरज..
दिल की आग में अब और क्या बयार दूँ..

तेरी बेरुख़ी

हर बार तेरी ज़िद की...
पर तूने कभी फ़िक्र नहीं की...

क्यों मैं ही आया तेरे पीछे अक्सर...
क्यों तूने ख़ुद कभी ज़हमत नहीं की...

उदास दिल – उदास चेहरा क्या करे...
आँसुओं में भी तेरी क़ीमत कम नहीं की...

सोचता हूँ कभी गुज़रूँ तेरी गली से मैं...
पर मेरे पाँव ने कभी हिम्मत नहीं की...

वो दौर-ए-इश्क़ और उसकी ख़ुशबू हवाओं में...
दिल में फिर किसी ने ऐसी दस्तक नहीं की...

क्यों हो तुम्हें वो इश्क़-ए-महबूब नसीब...
जब तुमने ही ख़ुद की कभी इज़्ज़त नहीं की...

जुदा होकर

तुझको खुद से जुदा करके,
मिला हूँ खुद को तबाह करके।

मैं समझा था वो क़ाबिल-ए-दिल है मेरे,
बेक़द्र निकला ख़ुद को बेवफ़ा करके।

अब किसे ढूँढते हो महफ़िल-ए-दिल में,
निकल जाओ यहाँ से शर्म करके।

मेरी पेशानी पे लकीर-ए-मुहब्बत न थी,
वो मिला है मुझे सौग़ात-ए-हिज्र करके।

निकल रही है चीख हर हर्फ़ में आज मेरे,
लगा हो जैसे तीर दिल में धक्ख करके।

लिख रहा हूँ या कोई बयां-ए-ग़म है ये,
किसे जता रहा हूँ ये भरम करके।

– नीरज

ख़ास नहीं हूँ।

ज़िंदगी में तेरी मैं पहला मुक़ाम नहीं हूँ,
हर शख़्स के बाद हूँ तेरे मैं ख़ास नहीं हूँ।

तुम ग़र जानते नहीं तो मैं बता देता हूँ,
दुनिया है मेरे पीछे मैं आम नहीं हूँ।

तौहीन-ए-इंतज़ार कि तुझे मेरी क़द्र नहीं,
दिल-ए-ज़ार हूँ बस अभी मरा नहीं हूँ।

जहाँ न हो ज़रूरत वहाँ से रुख़सती अच्छी,
तू गर मेरा दिल नहीं तो मैं तेरा कुछ नहीं हूँ।

जाने दो क्यों इतने सवाल करते हो, नीरज...
वो अगर ख़ुश है ऐसे ही तो मैं नाराज़ नहीं हूँ।

कैसे भुलाया जाए

दिल को तुझसे कहाँ तक बचाया जाए...
तू पास नहीं अब – ये कैसे भुलाया जाए...

किस राह जाऊँ अब, कुछ समझ नहीं आ रहा...
अब आगे बढ़कर कहाँ जाया जाए...

कैसे हो गए तुम इतने बेदर्द यारा...
तन्हाई से अब दिल को कैसे बचाया जाए...

महबूब का तसव्वुर आँखों से ओझल नहीं होता...
हक़ीक़त से रूबरू ख़ुद को कैसे कराया जाए...

दिन तो फिर भी अदब-ओ-आदाब में निकल जाता है...
शाम ओ रात को मगर कैसे गुज़ारा जाए...

कब तक उसकी याद के बसरे में रहोगे, नीरज...
अब वक़्त रहते इस आशियाने को उजाड़ा जाए...

नमी क्यूँ है

उदास चेहरा ये आँखों में नमी क्यूँ है..
ये दिल में तेरे इतना ज़ख़्म क्यूँ है।

हँसी सी है तेरे होठों पे मगर..
आवाज़ में इतनी दुखन क्यूँ है।

कैसे भूलता है महबूब को कोई शख़्स।
इस जहाँ में इतनी नफ़रत क्यूँ है।

आधा सा मैं और पूरे से तुम..
मुझे पूरा करने में तुम्हें शिकन क्यूँ है।

इश्क़, मुहब्बत की बातों में क्या रखा है..
सोचता हूँ कि तू मेरा महबूब क्यूँ है।

कितनी बार लिखी है अधूरी ग़ज़ल मैंने..
इस बार मेरे हाथों में चुभन क्यूँ है।

ऐसी कौन सी बिजली गिर पड़ी तुम पर..
इतनी भी दुनिया से शिकायत क्यूँ है..

कुछ तो लिहाज़ करो अपने एहसासों का नीरज..
ख़ुद के तमाशे की इतनी हसरत क्यूँ है।

पल भर की बात

पल भर की थी बात सारी..
अब बची है तन्हा ये रात सारी।

तुझसे करता रह गया मैं इज़हार-ए-मुहब्बत..
फिर भी रह गई अधूरी बात सारी।

तूने जो लगाई थी आग मेरे दिल में..
मैंने बुझा के कर दी है राख सारी।

कहीं तुझे ये भरम ना हो कि ज़िंदा हूँ मैं..
तेरे आँगन में रखवा दी है ख़ाक सारी।

बहुत दुश्मनी सी रही इस हयात से मेरी..
तुझे भूलते ही आ गई मुझे मौत सारी।

वो बस चला गया

तुम रुलाते गए मैं रोता गया..
लगता है ये वक़्त भी गुज़र गया...

आ जाते हो कभी कभी सिहरन की तरह..
जैसे यादों का एक कारवाँ गुज़र गया...

कुछ तक़ल्लुफ़ तो करो देखो तो सही कैसे..
इन आँखों से अभी अभी सैलाब ऐ ग़म गुज़र गया..

मैं चाहता था कि आख़िर वक़्त तक तुम्हें देखता..
ये सफ़र तो बीच राह ही ख़त्म हो गया..

क्युँ मनाते हो रंज उसके हिज्र का नीरज..
वो जाने ही वाला था तो बस चला गया..

ख़ुद से बात

अब नहीं करूँगा तुझे याद,
ना तुझसे बात और ना मुलाक़ात..

जा छोड़ दिया तुझे तेरे हाल पे,
ना करूँगा फ़िज़ूल अब ख़ुद के जज़्बात।

जानता हूँ काफ़िराना सा ख़याल है ये..
पर जन्नत-ए-मुहब्बत का सवाब है ये..

तुमसे तो कह नहीं सकता पर ग़ज़ल में कहता हूँ..
जान तुमसे मैं बहुत मुहब्बत करता हूँ।

क्यों मेरी बात तुम मान नहीं जाते..
इश्क़ में तुम मुझसे हार क्यों नहीं जाते।

तोहमत लगी है बहुत मुझ पर,
तुमसे इश्क़ करने की..

तुम सबको झूठा क्यों नहीं कर जाते..
मुझे इश्क़ में आबाद क्यों नहीं कर जाते।

यूँ लिखकर अनाब-शनाब ग़ज़ल का नाम दे देता हूँ..
बस तेरे बारे में सोचता हूँ और कुछ लिख देता हूँ।

जाने कौन सा भूत सवार है मुझ पर..
कि तेरे इक ख़याल से भी मैं इश्क़ कर लेता हूँ..

छोड़ तो रहा हूँ तुझे पर जाऊँगा किधर..
इसी मजबूरी में तुझसे दुबारा मुहब्बत कर लेता हूँ।

हाय कैसी बातें, ये कैसी महरूमियाँ हैं..
तुम्हारी सिर्फ़ आवाज़ को ही मैं हमदम समझ लेता हूँ।

चलो अब बंद करो ये ग़ज़लें, शायरी वग़ैरह नीरज..
ये बोल कर तुम्हारी याद में मैं एक और ग़ज़ल लिखता हूँ।

बेसबब

बेसबब की रंजिशें सारी हैं..
बिन बात तेरी ये नाराज़गी है..

क्यूँ इतने ख़फ़ा हो कि जान उससे..
ना तेरी ना उसकी ग़लती सारी है..

ज़बान तो है पर कहने का दिल नहीं..
मेरी अब सबसे ही कुछ दुश्वारी है..

अकेले हो, अकेले ही रहो वैसे भी..
तुम्हारी ख़ुदा से ही जवाबदारी है..

चुप हो जाओ एकदम चुप..
ज़ुबान ने अक्सर छत..
कई घरों की उजाड़ी है..

जा अब कि किसी को रुस्वा नहीं करना..
किसी से भी अब क्या दुश्वारी है..

लिखता है तू अब ग़ज़ल जब भी..
ख़ाली ख़ुद से ख़ुद की गुफ़्तारी है.

पुराने ख़्वाब

कल तक उड़ा करते थे जिन ख़्वाबों में..
आज बंद करके रख दिए हैं लिफ़ाफ़ों में..

रगों में ख़ून भी है और दिल में धड़कन भी..
ज़िंदा दिखाई तो पड़ते हैं लेकिन सिर्फ़ मैख़ानों में

ये ना कहना

ये ना कहना कि इंतज़ार नहीं किया..
दीवानों की तरह तुमसे प्यार नहीं किया.

हम तो हमेशा ही तुम्हारे दरीचे पर बैठे थे..
तुमने ही कभी झाँक कर दीदार नहीं किया.

जिया नहीं जाता

सब्र मुझसे अब रखा नहीं जाता..
इश्क़ में यूँ तन्हा जिया नहीं जाता..

तुझको याद करके भर आती हैं आँखें..
आशिक़ को इतना भी तड़पाया नहीं जाता..

आने में इतनी भी क्या देरी है सनम..
मुन्तज़िर निगाहों से इंतज़ार किया नहीं जाता..

तुम्हारे हिज्र में अब सुकून नहीं पहले की तरह..
अश्क़ों में तेरा ख़्वाब बह क्यों नहीं जाता..

निकलता हूँ रोज़ तेरे घर की तरफ़..
रहगुज़र में पर तेरा घर नहीं आता..

कैसी ये तन्हाई ख़ुदा ने दी है मुझे..
साँसों के साथ दम निकल क्यों नहीं जाता..

रोज़ दिन से रात तो कर लेते हो नीरज..
पर रात से दिन का सफ़र किया नहीं जाता..

अनकहे एहसास

जाने कैसे एहसास से गुज़रता हूँ..
मैं तेरे इश्क़ में जान रोज़ रोता हूँ..

आती हैं तेरी बातें हलक़ तक,
पर आवाज़ नहीं आती..

ज़बान कह नहीं पाती..
और आँखें चुप नहीं रह पाती..

अब किसे कहें क्या कोई कहकहा..
अंधेरों के जहाँ में हँसी टिक नहीं पाती..

मैं रोज़ ख़ुदा से बात करता हूँ मगर..
वापस सुनाई कोई आवाज़ नहीं आती..

कितने दिन और जीना होगा इस तरह..
मुझसे अपनी धड़कन अब सुनी नहीं जाती..

कैसे गुज़ार दूँ ये एक और लम्हा..
क्यूँ तेरी याद मुझसे दूर नहीं जाती..

सोचता हूँ पी लूँ एक और जाम..
पर तेरी आँखों से जो पी थी वो उतारी नहीं जाती..

मैं तुझसे ख़फ़ा होना तो बहुत चाहता हूँ..
पर अर्ज़-ए-इश्क़ में दुश्मनी नहीं आती..

तू मत कर इतनी भी वफ़ादारी नीरज..
जब तेरे नसीब में इश्क़ की दुआ नहीं आती..

बेबस इश्क़

क्या तुझे मेरी याद नहीं आती..
गर नहीं तो मुझे हिचकी नहीं आती..

आती हैं तेरी बातें हलक़ तक,
पर क्यूँ आवाज़ नहीं आती..

ज़ुबां कुछ कह नहीं पाती..
और आँखें चुप नहीं रह पाती..

अब किसे कहें क्या कोई कहकहा..
अंधेरों के जहाँ में हँसी टिक नहीं पाती..

मैं रोज़ ख़ुदा से बात करता हूँ मगर..
वापस सुनाई कोई आवाज़ नहीं आती..

कितने दिन और जीना होगा इस तरह..
मुझसे अपनी धड़कन अब सुनी नहीं जाती..

कैसे गुज़ार दूँ ये एक और लम्हा..
क्यूँ तेरी याद मुझसे दूर नहीं जाती..

सोचता हूँ पी लूँ एक और जाम..
पर तेरी आँखों से जो पी थी वो उतारी नहीं जाती..

मैं तुझसे ख़फ़ा होना तो बहुत चाहता हूँ..
पर अर्ज़-ए-इश्क़ में दुश्मनी नहीं आती..

तू मत कर इतनी भी वफ़ादारी नीरज..
जब तेरे नसीब में इश्क़ की दुआ नहीं आती..

www.ingramcontent.com/pod-product-compliance
Lightning Source LLC
La Vergne TN
LVHW050826051026
849532LV00008B/3141

हाई ब्लड प्रेशर कम करने के लिए भारतीय शाकाहारी व्यंजन

उच्च रक्तचाप को प्रबंधित करने के लिए सुपरफूड्स पर आधारित स्वादिष्ट शाकाहारी व्यंजन

ला फॉनासिएर

Eb

emerald books

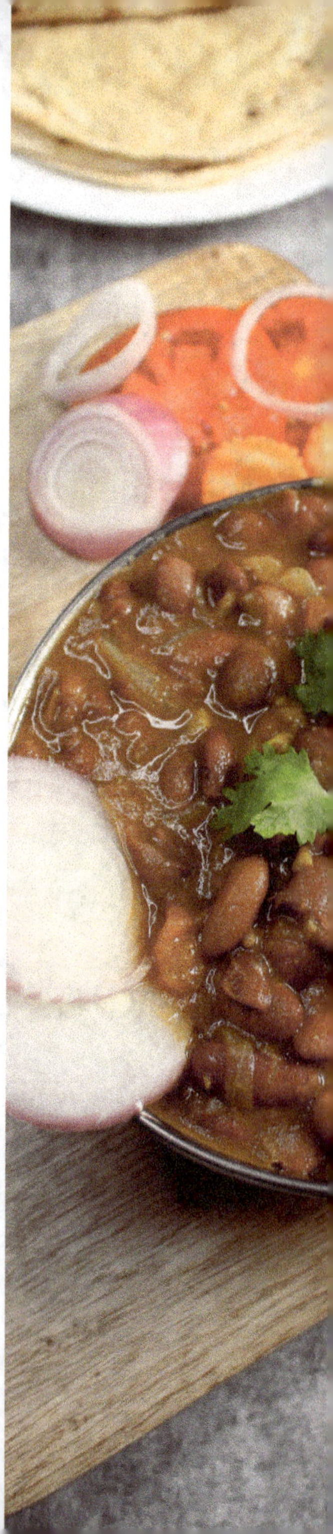

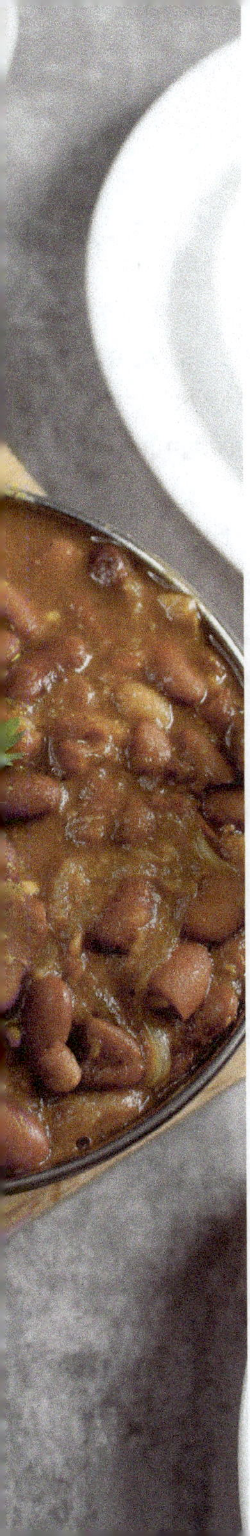

अनुक्रम

परिचय

ब्लड प्रेशर रक्त वाहिकाओं की दीवारों के विरुद्ध रक्त के बल का माप है। रक्त का दबाव तब बढ़ जाता है जब धमनी की दीवारों के विरुद्ध रक्त का बल बहुत अधिक होता है, और इस स्थिति को हाई ब्लड प्रेशर या हाइपरटेंशन (उच्च रक्तचाप) के रूप में जाना जाता है। हाई ब्लड प्रेशर को रोकने और नियंत्रित करने के लिए आपका आहार उन खाद्य पदार्थों से भरपूर होना चाहिए जिनके निम्नलिखित चिकित्सीय प्रभाव हैं:

- ऐसे खाद्य पदार्थ जिनका डाइयुरेटिक (मूत्रवर्धक) प्रभाव होता है।
- ऐसे खाद्य पदार्थ जिनमें शक्तिशाली वासोडायलेटिंग गुण होते हैं।
- मैग्नीशियम से भरपूर खाद्य पदार्थ क्यों कि मैग्नीशियम एक प्राकृतिक कैल्शियम चैनल ब्लॉकर है।
- पोटैशियम से भरपूर खाद्य पदार्थ क्योंकि पोटैशियम सोडियम के प्रभाव का प्रतिरोधक है।
- ऐसे खाद्य पदार्थ जो आपके शरीर में नाइट्रिक ऑक्साइड के स्तर को उच्च रखते हैं।

उच्च रक्तचाप को रोकने और नियंत्रित करने वाले सुपरफूड्स हैं:

वासोडायलेटर: चुकंदर और लहसुन।

डाइयुरेटिक (मूत्रवर्धक): ककड़ी और नींबू।

मैग्नीशियम युक्त खाद्य पदार्थ: पालक, राजमा, कद्दू के बीज, पिस्ता और शकरकंद।

पोटेशियम युक्त खाद्य पदार्थ: खीरा, शकरकंद, राजमा, केला, पालक और दही।

शरीर में नाइट्रिक ऑक्साइड उत्पादन बढ़ाने वाले खाद्य पदार्थ: चुकंदर, शहद और कद्दू के बीज।

यह कुकबुक आपको अपने आहार में उन सुपरफूड्स को शामिल करने में मदद करती है जो उच्च रक्तचाप को प्रभावी ढंग से रोकने और प्रबंधित करते हैं।

कुकुम्बर जलजीरा

सामग्री

नींबू रस: 2 बड़े चम्मच
हींग: ½ छोटा चम्मच
पुदीने के पत्ते: 50 ग्राम
काला नमक: स्वादानुसार
धनिया पत्ती: 30 ग्राम
काली मिर्च : 10
अदरक: 1½ इंच
लौंग: 4
हरी मिर्च: 1
कटे खीरे: 4 बड़े चम्मच
जीरा: 1 छोटा चम्मच
पानी: 1 लीटर
अमचूर पाउडर: ½ छोटा चम्मच

तरीका

1. जीरा, लौंग और काली मिर्च को तब तक भूनें जब तक कि जीरा भूरा न हो जाए। इन्हें ठंडा करके पीस लें।
2. खीरे को बारीक काट लें और बाद के लिए अलग रख दें।
3. खीरे को छोड़कर सारी सामग्री को ब्लेंडर जार में डालें। लगभग 50 मिली - 100 मिली पानी के साथ पीस के सुपर-फाइन पेस्ट बना लें। इस हरे पेस्ट को एक जार में लें और 1 लीटर बनाने के लिए और पानी डालें। खीरे के टुकड़े डालें। इसे 2 घंटे के लिए फ्रिज में रख दें। ठण्डा करके परोसें।

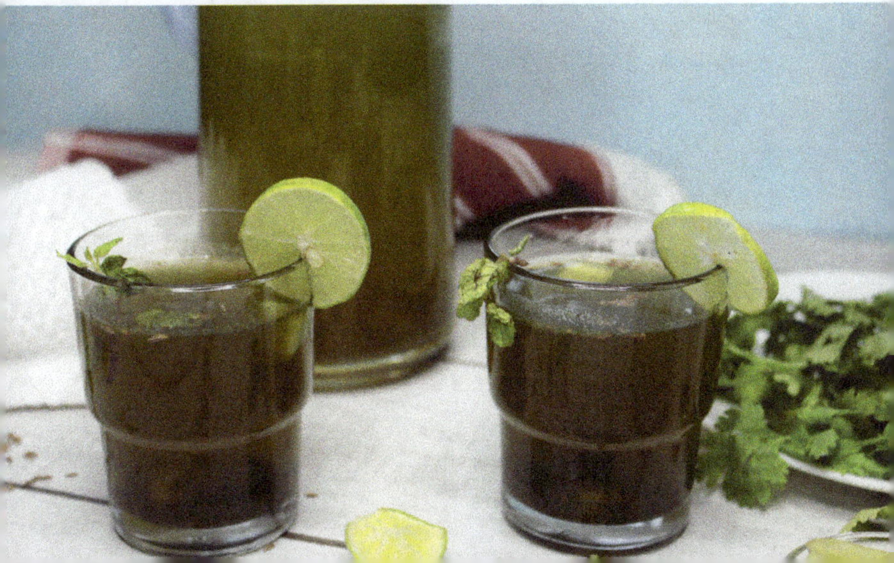

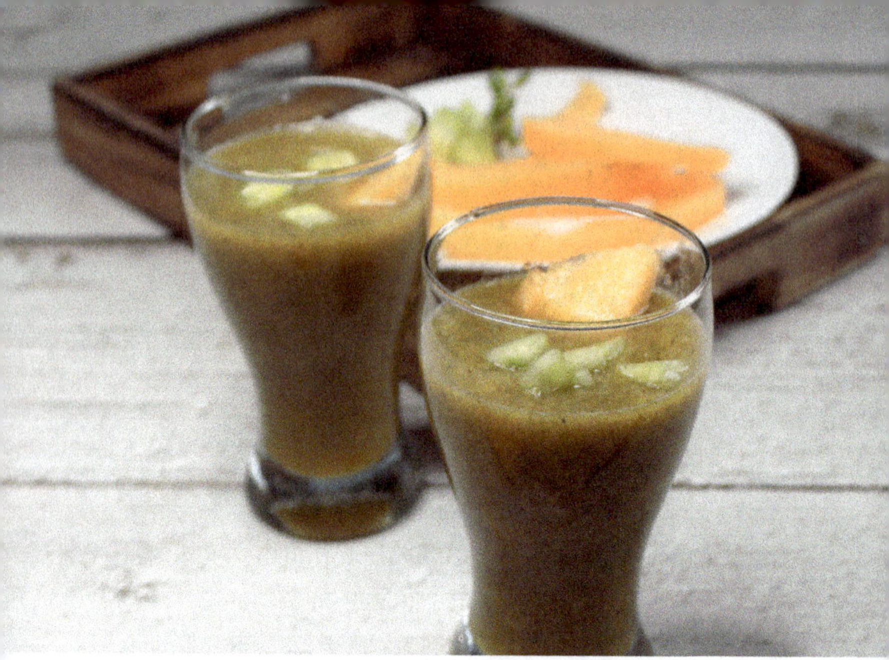

समर फ्रूट पंच

सामग्री

खरबूजा : 500 ग्राम
शहद: 1 बड़ा चम्मच/ स्वादानुसार
खीरा : 250 ग्राम
नींबू का रस: 1 बड़ा चम्मच
संतराः 200 ग्राम
अमचूर पाउडर: 1 छोटा चम्मच
पुदीने के पत्तेः 50 ग्राम
बर्फ के टुकड़े: 8-10

तरीका

1. खरबूजा, खीरा, संतरा और पुदीने की पत्तियों को 3-4 घंटे के लिए फ्रिज में ठंडा करें।
2. 4-5 पुदीने की पत्तियां गार्निश करने के लिए रख लें। एक ब्लेंडर में खरबूजा, खीरा, संतरे और बाकी के पुदीने पत्ते, नींबू का रस और शहद डालकर ब्लेंड कर लें।
3. फ्रूट पंच को ग्लास में डालें। इसके ऊपर अमचूर पाउडर छिड़कें। आप चाहें तो हर गिलास में 2-3 बर्फ के टुकड़े डाल सकते हैं। ठंडे और ताज़े समर फ्रूट पंच का आनंद लें।

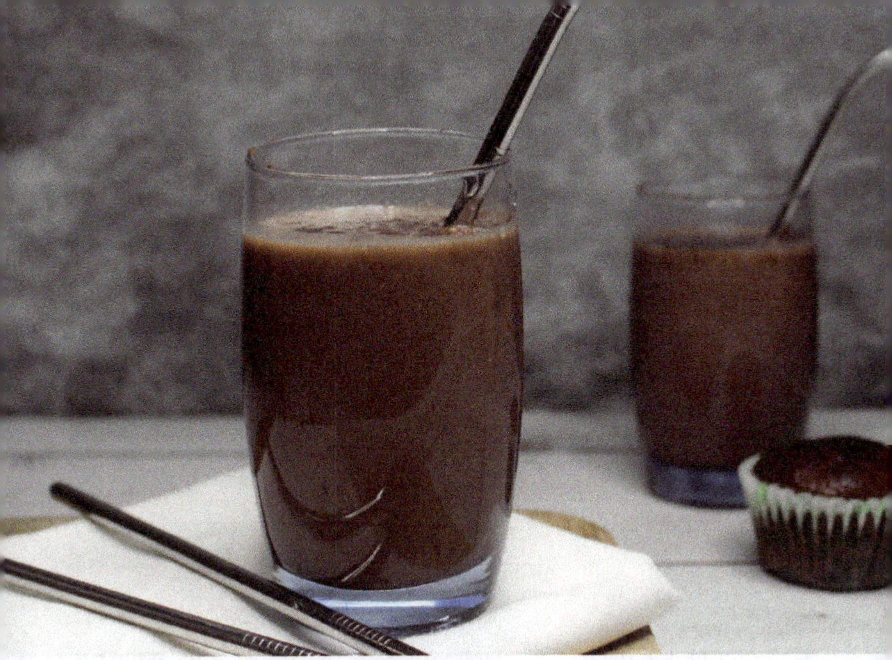

बनाना चोको मिल्क शेक

सामग्री

केला: 4
शहद: 1 बड़ा चम्मच (ऑप्शनल)
ठंडा गाय का दूध: 800 मिली
पिस्ता: 2 बड़े चम्मच
कोकोआ पाउडर: 1 बड़ा चम्मच
कद्दू के बीज: 1 बड़ा चम्मच

तरीका

1. पिस्ते और कद्दू के बीजों को तब तक भूनें जब तक कि उनमें से खुशबू आने लगे और वे हल्के भूरे रंग के हो जाएं। आंच से उतार लें और मेवों को ठंडा होने दें। उन्हें चाकू से मोटा काट लें या मोर्टार पेस्टल या ग्राइंडर का उपयोग करके उन्हें कूच लें।
2. केले को मोटा-मोटा काट लें। केला, कोको पाउडर और ठंडा दूध मिलाकर एक स्मूद मिल्कशेक बना लें। गिलास में डालें और ज़रूरत हो तो शहद डालें।
3. पिस्ते और कद्दू के बीज डालें। अच्छी तरह मिलाएँ और परोसें।

कुरकुरी लहसुनी शकरकंद

सामग्री

शकरकंद: 600 ग्राम
लहसुन: 15-18
सेंधा नमक: स्वादानुसार
तेल: 2 ½ बड़ा चम्मच
कश्मीरी लाल मिर्च पाउडर: 1 बड़ा चम्मच
कॉर्न फ्लौर: 1 बड़ा चम्मच
काली मिर्च पाउडर: 1 छोटा चम्मच
अमचूर पाउडर: ½ छोटा चम्मच

तरीका

1. शकरकंद को अच्छी तरह धो लें। उन्हें छीलें या छिलका रहने दें। उन्हें ज़िग-ज़ैग चाकू या साधारण चाकू से मध्यम मोटाई में काटें।
2. शकरकंद को स्टीमर में 5 मिनट तक स्टीम करें, इससे ज्यादा नहीं।
3. मोर्टार पेस्टल का उपयोग करके लहसुन को बारीक पीस लें। कश्मीरी लाल मिर्च पाउडर, नमक, काली मिर्च पाउडर और तेल डालें। अच्छी तरह से मिलायें।
4. शकरकंद को छलनी में लें। कॉर्न फ्लौर डालें और शकरकंद को समान रूप से कोट करने के लिए टॉस करें।
5. लहसुन मसाला डालें। शकरकंद को मसाले के साथ समान रूप से लेपित होने तक टॉस करें।
6. शकरकंद को 2 बैच में बांट लें। एक बैच को ऑयल लगी बेकिंग डिश पर रखें। सुनिश्चित करें कि वे एक दूसरे को ओवरलैप नहीं करें।

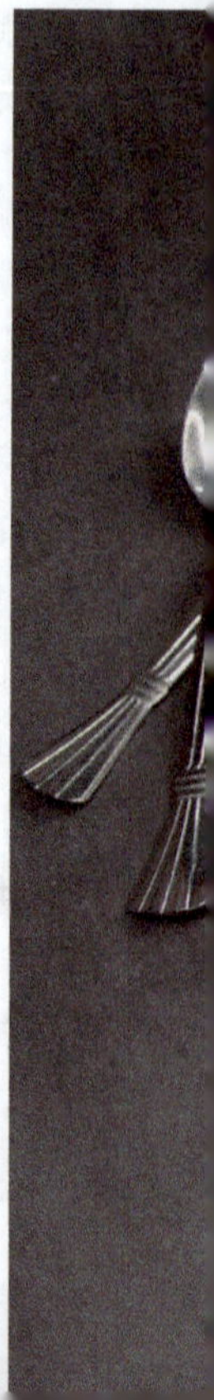

7. अगर आपके ओवन में ग्रिल फंक्शन है, तो शकरकंद को 12 मिनट के लिए ग्रिल करें। इनको पलटें और 3-5 मिनट के लिए फिर से ग्रिल करें।
8. वैकल्पिक रूप से, शकरकंद को 15 मिनट के लिए 200 डिग्री सेल्सियस पर पहले से गरम ओवन में बेक करें। समान पकाने के लिए साइड पलटें और 5-10 मिनट के लिए या शकरकंद को किनारों से कुरकुरा और ब्राउन होने तक बेक करें।
9. इन्हें ओवन से निकाल लें। अमचूर छिड़क कर कुरकुरी लहसुनी शकरकंद शिमला मिर्च की चटनी के साथ खाएँ।

टिप

शकरकंद को भाप देने से बेकिंग का समय कम हो जाता है और शकरकंद को चीनी छोड़ने से रोकता है। इस तरह से पकाने से शकरकंद और भी सेहतमंद बन जाता है।

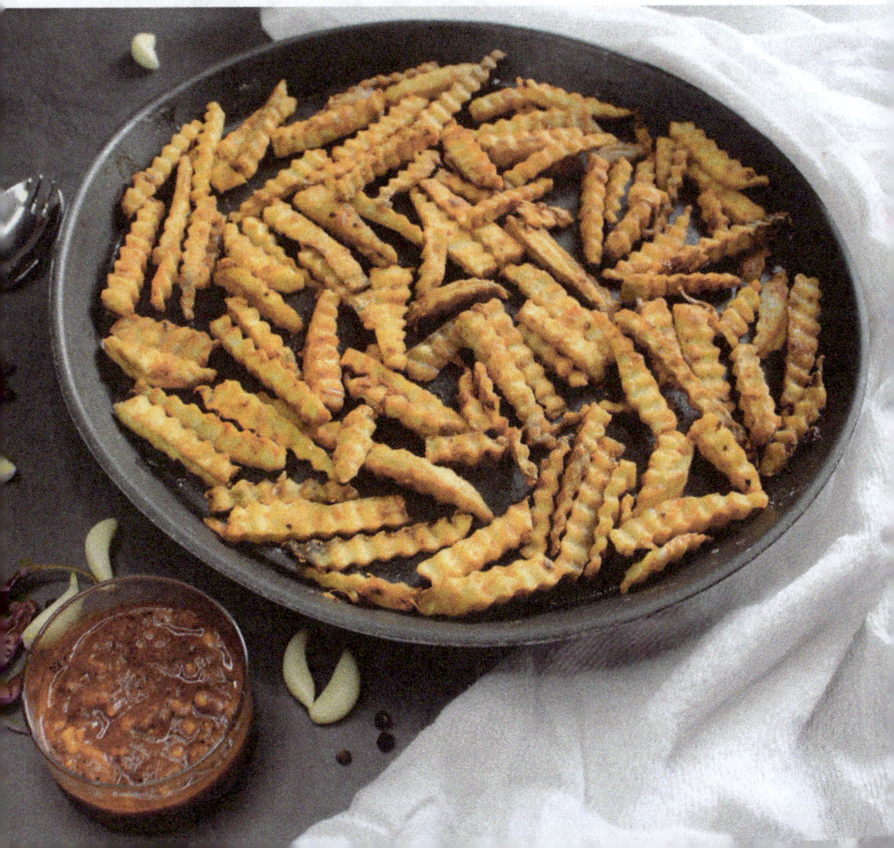

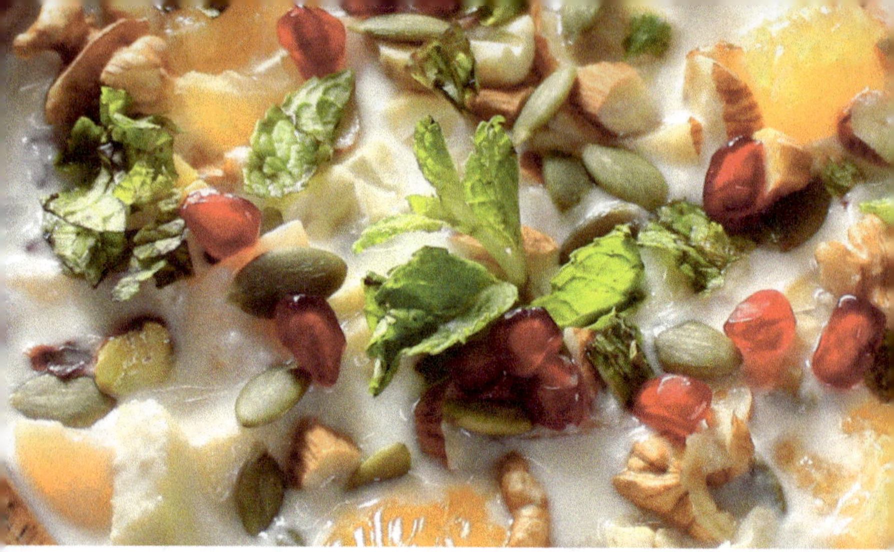

फ्रूट चाट

सामग्री

गाढ़ी दही : 250 ग्राम
सेब : 2
केला : 2
अनार : 1
संतरा: 1
पपीता: 50 ग्राम
साथ ही, कोई भी मौसमी फल
कटे पुदीने के पत्ते: 2 बड़े चम्मच
अमचूर पाउडर: ¼ छोटा चम्मच

बादाम: 10
पिस्ता: 10
अखरोट: 3
कद्दू के बीज: 3 चम्मच
जीरा: 1 चम्मच
कीवी: 2
खरबूजा: 50 ग्राम
शहद: 1 बड़ा चम्मच
काला नमक: स्वादानुसार

तरीका

1. जीरे को रंग बदलने तक भून लें। इन्हें दरदरा पीस लें।
2. दही को 2 मिनिट चमचे से चला कर चिकना कर लें।
3. सभी सामग्री को काट लें। इन्हें दही में डालें और अच्छी तरह से मिलायें।
4. इसमें जीरा, अमचूर पाउडर, काला नमक मिक्स और शहद डालकर अच्छी तरह से मिलायें। 1 घंटे के लिए रेफ्रिजरेट करें और ठण्डा करके परोसें।

कुकुम्बर हनी सलाद

सामग्री

खीरा: 1 बड़ा
केला: 1
अंकुरित काले चने: 3 बड़े चम्मच
कटे हुए पुदीने के पत्ते: 2 बड़े चम्मच
काला नमक: स्वादानुसार
लाल मिर्च पाउडर: ½ छोटा चम्मच
शहद: 1 छोटा चम्मच
नींबू का रस: 2 बड़े चम्मच
अनार: 3 बड़े चम्मच
मूंगफली: 2 बड़े चम्मच
धनिया पत्ती: 2 बड़े चम्मच

तरीका

1. मूंगफली को 2 घंटे के लिए पानी में भिगो दें।
2. केले और खीरे को आधे इंच के क्यूब्स में काट लें।
3. पुदीना और धनिया पत्ती को मोटा-मोटा काट लें।
4. सभी सामग्री को एक बाउल में लें और अच्छी तरह मिला लें। 15 मिनट के लिए ढक कर छोड़ दें जब तक कि सलाद नींबू के रस से भिन न जाए।
5. कुकुम्बर हनी सलाद का मजा लें।

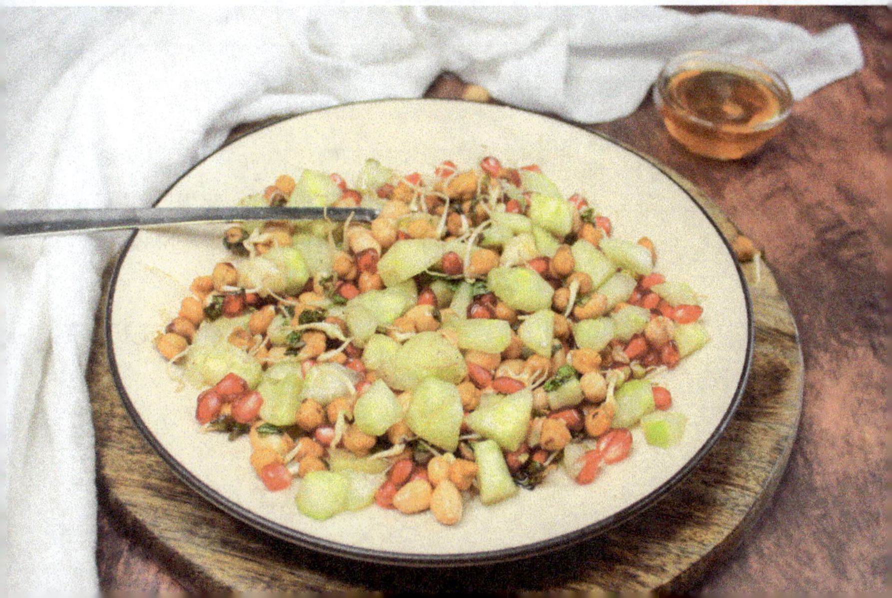

इंस्टेंट चुकंदर की इडली

सामग्री

सूजी: 200 ग्राम
कद्दूकस किया हुआ चुकंदर: 100 ग्राम
फ्रूट साल्ट: 1/2 छोटा चम्मच
नमक: स्वादानुसार
तेल: ग्रीसिंग के लिए

नारियल की चटनी के लिए

ताजा कसा हुआ नारियल: 200 ग्राम
अदरक: ½ इंच
धनिया पत्ती: 100 ग्राम
लहसुन: 4 कलियां
भुनी हुई मूंगफली: 3 बड़े चम्मच
जीरा: 1 चम्मच
नींबू का रस: 2 बड़े चम्मच
पानी: 50 मिली

तरीका

1. सूजी को 5 मिनट के लिए भून लें।
2. सूजी में दही और पानी मिलाकर गाढ़ा पेस्ट बना लें। 15 से 20 मिनट के लिए ढक कर अलग रख दें।
3. कद्दूकस किया हुआ चुकंदर और नमक डालें। अच्छी तरह से मिलायें। बैटर गाढ़ा होना चाहिए, पतला नहीं होना चाहिए। लेकिन अगर बैटर ज्यादा गाढ़ा हो तो दो बड़े चम्मच पानी मिला लें।
4. एक प्रेशर कुकर/स्टीमर में 300 मिली पानी डालें, ढक्कन से ढक दें और एक उबाल आने दें। आंच धीमी कर दें। इडली के सांचों को तेल से चिकना कर लें।
5. स्टीम करने से ठीक पहले, बैटर में फ्रूट सॉल्ट डालें और अच्छी तरह मिलायें।
6. घोल को इडली के सांचे में डालें। इडली स्टैंड को कुकर/स्टीमर में रखें। ढक्कन बंद करके इडली को मध्यम आंच पर 12 से 15 मिनट के लिए भाप में पकायें।
7. इंस्टेंट चुकंदर की इडली को नारियल की चटनी के साथ परोसें।

नारियल की चटनी के लिए

1. नारियल, हरा धनिया, मूंगफली, जीरा, अदरक और लहसुन को एक साथ पीस लें। पानी डालकर फिर से पीसकर गाढ़ी चटनी बना लें।
2. इसे एक बाउल में लें। नमक और नींबू का रस डालें। अच्छी तरह से मिलायें।

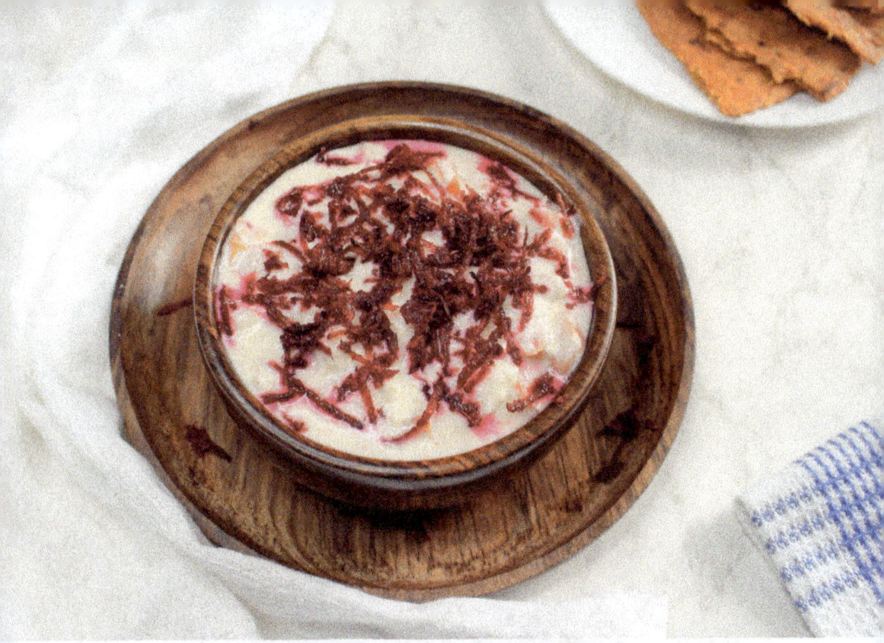

मिक्स वेज रायता

सामग्री

दही: 400 ग्राम
कसा हुआ चुकंदर: 2 बड़े चम्मच
बारीक कटा प्याज: 50 ग्राम
बारीक कटा टमाटर: 50 ग्राम
बारीक कटी पत्ता गोभी: 50 ग्राम
बारीक कटा खीरा: 50 ग्राम
ब्राउन शुगर: 1 बड़ा चम्मच
काला नमक: स्वादानुसार
जीरा पाउडर: 1 बड़ा चम्मच
लाल मिर्च पाउडर: ½ छोटा चम्मच

तरीका

1. दही को चिकना होने तक फेंटें। इसमें चुकंदर को छोड़कर सभी सब्जियाँ मिला लें।
2. दही में काला नमक, ब्राउन शुगर, लाल मिर्च पाउडर और जीरा पाउडर डालकर अच्छी तरह से मिलायें।
3. रायते को आधे घंटे के लिए फ्रिज में रख दें। कद्दूकस किए चुकंदर से गार्निश करें। मल्टीग्रेन चुकंदर पराठे के साथ मिक्स वेज रायता का आनंद लें।

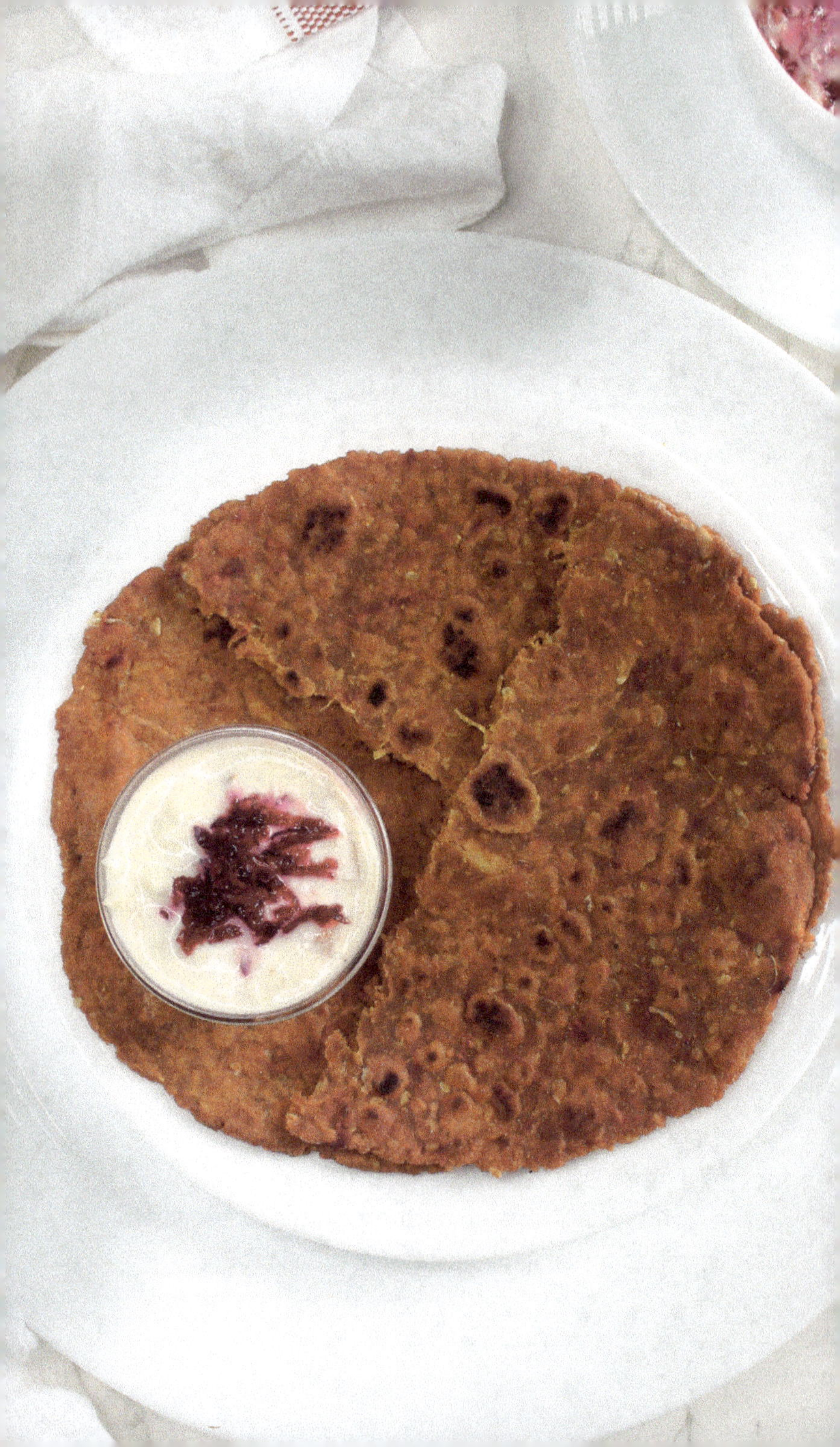

मल्टीग्रेन चुकंदर पराठा

सामग्री

कद्दूकस किया चुकंदर: 150 ग्राम
लाल मिर्च पाउडर: 1 छोटा चम्मच
कद्दूकस किया लौकी: 150 ग्राम
गुड़: 1 बड़ा चम्मच
गेहूँ का आटा: 150 ग्राम
हल्दी: ½ छोटा चम्मच
ओट्स फ्लौर: 150 ग्राम
गरम मसाला: 1½ चम्मच
बेसन: 75 ग्राम
तिल: 1½ बड़ा चम्मच
नमक: स्वादानुसार
हींग: एक चुटकी
राजगिरा आटा: 25 ग्राम
कुटी मेथी: 1 छोटा चम्मच
धनिया पाउडर: 1 छोटा चम्मच
दही: 2 बड़े चम्मच
अदरक-लहसुन का पेस्ट: 1 बड़ा चम्मच
ऑलिव ऑयल: 1 बड़ा चम्मच + आवश्यकतानुसार

तरीका

1. एक बाउल में सभी सामग्री और एक बड़ा चम्मच ऑलिव ऑयल लें।
2. धीरे-धीरे दही डालकर सख्त आटा गूंद लें।
3. एक आटे की लोई लें, इसे सूखे गेहूं के आटे में डुबोएं और अतिरिक्त आटे को झाड़ दें। आटे को बेलन से एक सर्कल में रोल करें।
4. मध्यम-तेज आंच पर तवा गरम करें।
5. पराठे को तवे पर रखें। लगभग एक मिनट तक पकायें या तब तक पकायें जब तक कि पराठा कहीं-कहीं से फूलने न लगे।
6. परांठे को पलटें और 3-4 बूंद ऑलिव ऑयल फैलायें। 2 मिनट तक हल्का ब्राउन होने तक पकायें।
7. पराठे को फिर से पलटें और ऊपर से 3-4 बूंद ऑलिव ऑयल डालें, इसे समान रूप से सतह पर फैलायें। परांठे को चपटी करछी से धीरे से दबाएं ताकि पराठा समान रूप से पक जाए।
8. एक बार जब आपको पराठे के दोनों तरफ भूरे रंग के धब्बे दिखाई देने लगें, तो पराठे को एक सर्विंग प्लेट में निकाल लें। आपका पराठा तैयार है। इसी तरह सारे पराठे बना लें। मिक्स्ड वेज रायता के साथ मल्टीग्रेन चुकंदर पराठे का आनंद लें।

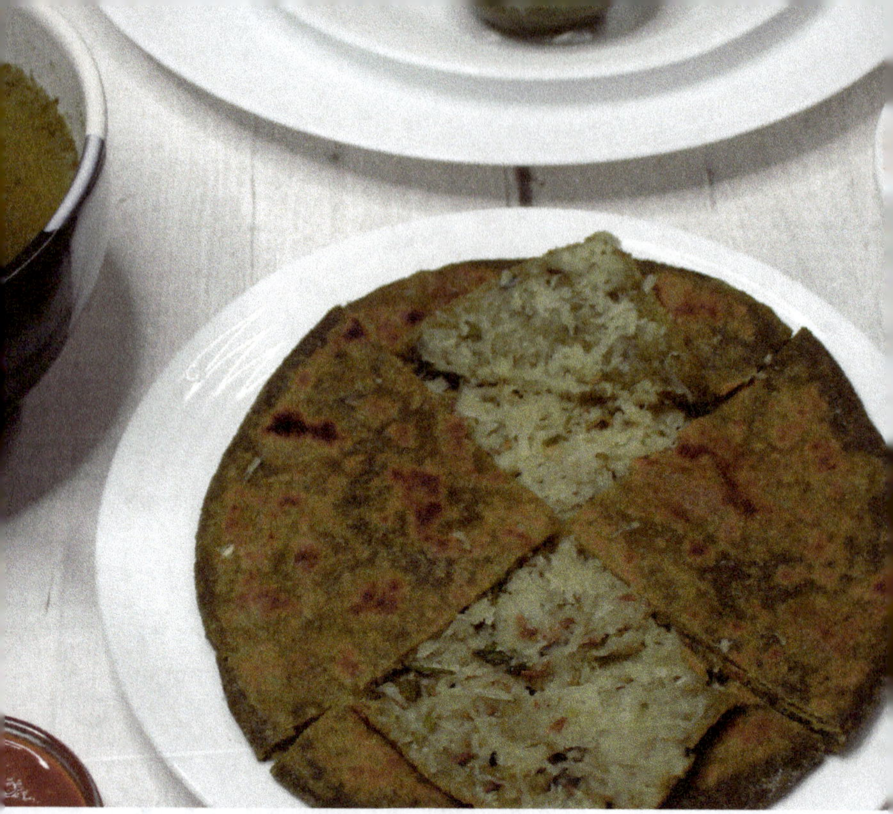

भरवा मूली वाले पालक पराठे

सामग्री

भरावन के लिए

सफेद मूली: 500 ग्राम
जीरा: 1 छोटा चम्मच
कटी हरी लहसुन: 50 ग्राम
कटा अदरक: 1 छोटा चम्मच
हींग: ½ छोटा चम्मच
कटा हरा धनिया: 50 ग्राम
नमक स्वाद अनुसार

पराठे के लिए

साबुत गेहूँ का आटा: 400 ग्राम
पालक: 200 ग्राम
ऑलिव ऑयल: 1 बड़ा चम्मच+पराठा बनाने के लिए
नींबू का रस: 1 बड़ा चम्मच
नमक: स्वादानुसार

तरीका

भरावन के लिए

1. मूली को अच्छी तरह धो लें। मूली को छीलकर कद्दूकस कर लें।
2. कद्दूकस की हुई मूली पर नमक छिड़कें। 15 मिनट के लिए ढककर रख दें।
3. पानी निकालने के लिए मूली को निचोड़ लें। जितना हो सके पानी निकाल लें। पानी गूंदने के लिये रख दें।
4. जीरे को सूखा भून लें और मूसल की सहायता से ओखली में पीस लें।
5. कद्दूकस की हुई मूली में जीरा, अदरक, हींग, हरा लहसुन और हरा धनिया डालें। अच्छी तरह से मिलायें।

पराठे के लिए

1. पालक को नींबू के रस और नमक के साथ कम से कम पानी का प्रयोग करके 1 से 2 मिनट के लिए ब्लांच कर लें। पालक को स्टॉक के साथ बारीक पेस्ट बना लें।
2. गेहूं के आटे में पालक का पेस्ट और तेल मिलायें। मूली के पानी (यदि आवश्यक हो) का उपयोग करके आटा गूंध लें। 15 मिनट के लिए ढककर छोड़ दें।
3. आटे से एक मध्यम आकार की लोई लें। अपनी हथेलियों का उपयोग करके एक चिकनी बिना दरार वाली गेंद बनायें। आटे को अपनी हथेली में अपनी उंगलियों से चपटा करें। बीच के हिस्से को थोड़ा मोटा और साइड को पतला रखें।
4. बीच में एक चम्मच मूली की स्टफिंग रखें, किनारों को सील करके चिकना गोल लोई बना लें। इसे उंगलियों से धीरे से चपटा करें। इसमें पलथन लगायें, अतिरिक्त आटा झाड़ दें। आटे को गोल आकार में बेल लें।
5. मध्यम-तेज आंच पर तवा गरम करें। पराठे को तवे पर डालें। लगभग एक मिनट तक पकायें या तब तक पकायें जब तक कि पराठा कहीं-कहीं से फूलने न लगे।
6. परांठे को पलटें और 3-4 बूंद ऑलिव ऑयल फैलायें। 2 मिनट तक हल्का ब्राउन होने तक पकायें।
7. परांठे को फिर से पलटें और ऊपर से 3-4 बूंद ऑलिव ऑयल डालें और इसे पूरी सतह पर समान रूप से फैलायें। पराठे को समान रूप से पकाने के लिए पराठे को चपटे स्पैचुला से धीरे से दबायें।
8. जब परांठे के दोनों ओर ब्राउन स्पॉट दिखने लगे तो परांठे को सर्विंग प्लेट में निकाल लें। आपका पराठा तैयार है। इसी तरह सारे पराठे बना लें।
9. लाल चटनी के साथ भरवा मली के पालक पराठे का आनंद लें।

राजमा

सामग्री

राजमा: 300 ग्राम
गरम मसाला: 1½ बड़ा चम्मच
प्याज: 4 मध्यम (1+3)
धनिया पाउडर: 1 छोटा चम्मच
टमाटर: 4 मध्यम
हल्दी पाउडर: ½ छोटा चम्मच
कटे अदरक: 1 बड़ा चम्मच
लाल मिर्च पाउडर: 1 छोटा चम्मच
कटे हुआलहसुन: 1 बड़ा चम्मच
नमक: स्वादानुसार
हींग: 1 छोटा चम्मच
सरसों का तेल: 2 बड़े चम्मच
तेज पत्ता: 1
पानी: 900 मिली
जीरा: ½ छोटा चम्मच
धनिया पत्ती: 20 ग्राम

तरीका

1. राजमा रात भर पर्याप्त पानी में भिगो दें।
2. प्याज को लंबाई में काट लें। एक प्याज राजमा पकाने के लिए और बाकी तीन ग्रेवी के लिए रखें।
3. राजमा को एक कटे प्याज, नमक और पानी के साथ 3-4 सीटी आने तक पकायें। जांचें कि राजमा पका है या नहीं, यदि नहीं, तो 2 सीटी के लिए प्रेशर कुक करें।
4. पकी हुई राजमा को छान लें और ग्रेवी के लिए स्टॉक रख लें।
5. एक पैन में सरसों का तेल गर्म करें। तेल के गरम होते ही इसमें तेजपत्ता, हींग और जीरा डाल दें।
6. जब जीरे का रंग बदलने लगे तो इसमें अदरक और लहसुन डालकर मध्यम आंच पर 2 मिनट तक पकायें।
7. प्याज़ डालें और 6-8 मिनट तक प्याज़ के पारदर्शी होने तक पकायें।
8. कटे हुए टमाटर और नमक डालें। अच्छी तरह मिलायें और ढक्कन से ढककर धीमी आंच पर 10 मिनट तक पकायें। बीच-बीच में हिलायें।
9. गरम मसाला, धनिया पाउडर, लाल मिर्च पाउडर, हल्दी पाउडर डालें और अच्छी तरह मिलायें। ढककर धीमी आंच पर 5 मिनट तक पकायें।
10. राजमा डालें और 5 मिनट तक पकायें।
11. स्टॉक डालकर उबाल लें। 1-2 सीटी आने तक प्रेशर कुक करें। धनिया पत्ती से गार्निश करें और चावल और रोटी के साथ राजमा का आनंद लें।

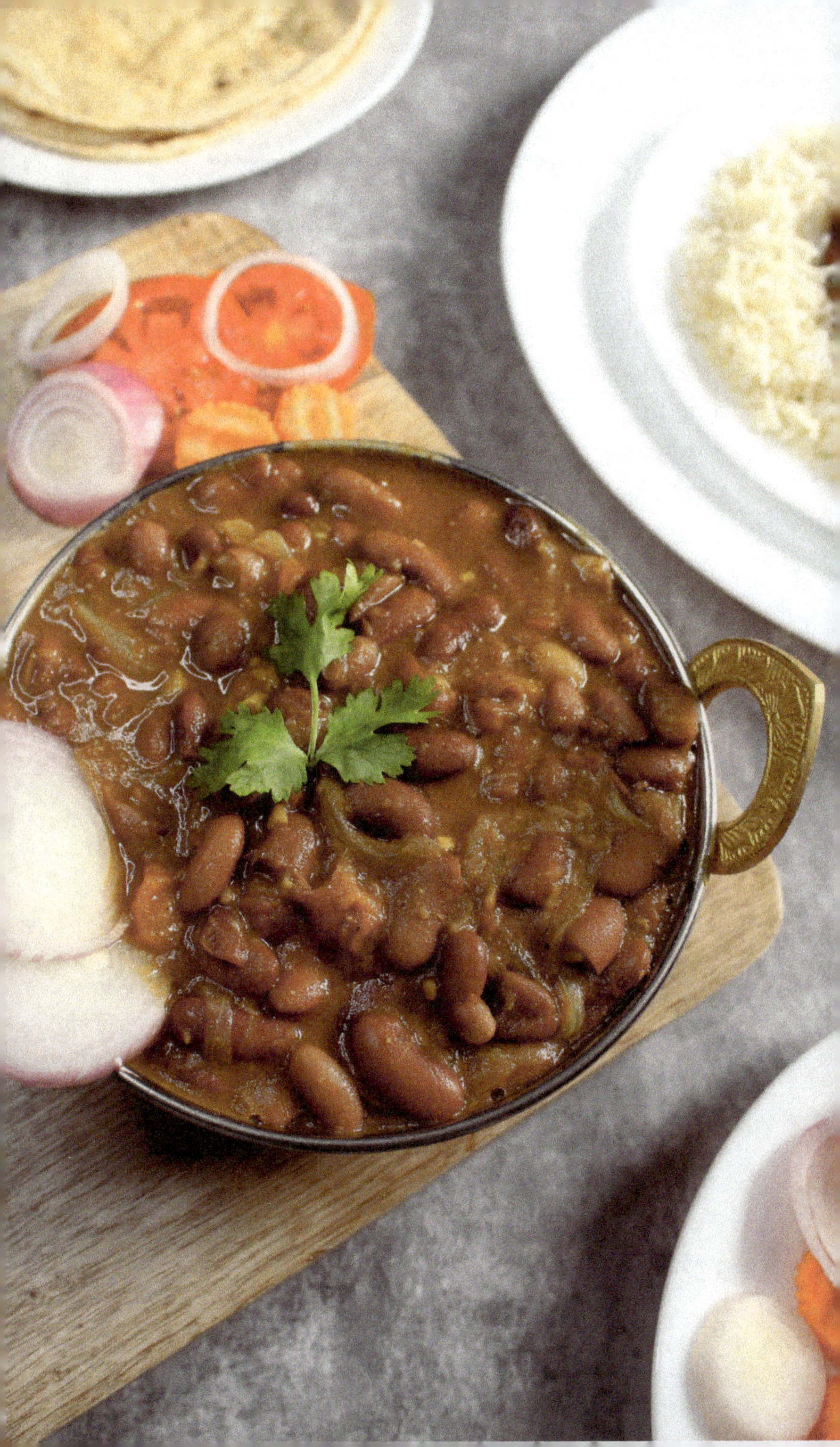

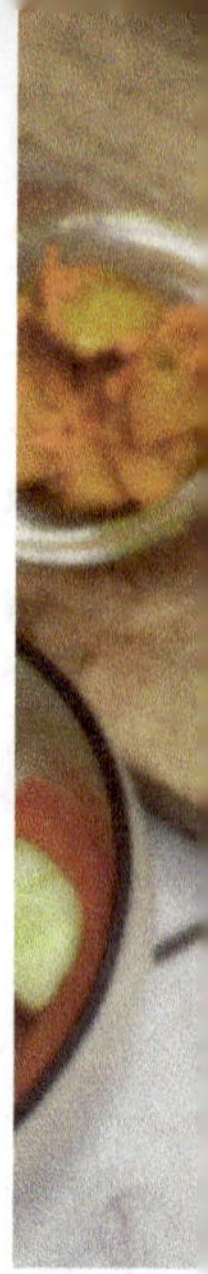

मशरूम क्रीमी पालक ग्रेवी के साथ

सामग्री

मशरूम: 200 ग्राम
पालक: 200 ग्राम
काजू: 30
खरबूजे के बीज: 20 ग्राम
प्याज: 4 मध्यम
टमाटर: 3 मध्यम
अदरक: 1 ½ इंच
लहसुन: 10 कलियां
हल्दी: ¼ छोटा चम्मच
गरम मसाला पाउडर: 1 छोटा चम्मच
धनिया पाउडर: ½ छोटा चम्मच
लाल मिर्च पाउडर: ½ छोटा चम्मच
हींग: ¼ छोटा चम्मच
तेज पत्ता: 1
जीरा: ½ छोटा चम्मच
पानी: 250 मिली
नीबू का रस: 1 छोटा चम्मच
नमक: स्वादानुसार
घी: 2 बड़े चम्मच

तड़के के लिए

कश्मीरी लाल मिर्च पाउडर: ½ छोटा चम्मच
कटे लहसुन: 1 बड़ा चम्मच
घी: 1 छोटा चम्मच
हींग: ¼ छोटा चम्मच

तरीका

1. पालक को अच्छी तरह धो लें। पालक के डंठल हटा दें और ताज़ी पालक की पत्तियों का ही प्रयोग करें। पालक को 100 मिली पानी में नमक और नींबू के रस के साथ 1 मिनट के लिए ब्लांच कर लें। इसे ठंडा होने दें और पेस्ट बनने तक ब्लेंड करें।
2. काजू और खरबूजे के बीज को 100 मिली गर्म पानी में 15 मिनट के लिए भिगो दें। बारीक सफेद पेस्ट बनने तक पीस लें।
3. प्याज, अदरक और लहसुन को एक साथ पीसकर बारीक पेस्ट बना लें। टमाटर को अलग से बिना पानी डाले पीस लें।
4. मशरूम को 1 इंच के क्यूब्स में काट लें। आधा छोटा चम्मच घी गरम करें। मशरूम के टुकड़े डालकर 10 मिनिट तक भूनें।

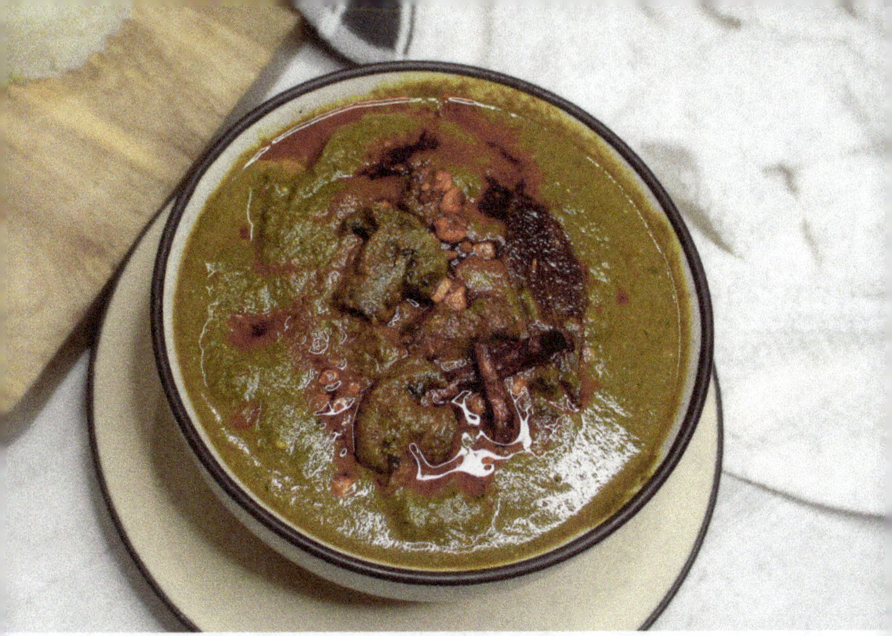

5. दूसरे पैन में घी गर्म करें। हींग, तेज पत्ता और जीरा डालें। जब जीरे का रंग बदलने लगे तो प्याज़-अदरक-लहसुन का पेस्ट डालें। ढककर धीमी आंच पर 10 मिनट तक पकायें जब तक कि प्याज का कच्चा स्वाद पूरी तरह से चला न जाए।

6. टमाटर का पेस्ट और नमक डालें। अच्छी तरह से मलायें। 5 मिनट के लिए ढककर पकायें।

7. हल्दी पाउडर, गरम मसाला, धनिया पाउडर और लाल मिर्च पाउडर डालें। ढककर धीमी आंच पर 10 मिनट तक पकायें। बीच-बीच में हिलायें।

8. काजू-खरबूजे का पेस्ट डालें। ढककर धीमी आंच पर 15 मिनट तक ग्रेवी के तेल छोड़ने तक पकायें।

9. पालक का पेस्ट डालें और अच्छी तरह मिलायें। इसे उबाल लें। अगर ग्रेवी ज्यादा गाढ़ी हो तो 50 से100 मिली पानी डालें। धीमी आंच पर 5 मिनट पकायें।

10. मशरूम डाल कर मिक्स करें और 2 मिनट के लिए उबाल लें। गैस बंद कर दें।

तड़के के लिए

1. गरम घी में हींग, कटा हुआ लहसुन और लाल मिर्च पाउडर डालें। 2-3 मिनिट तक पकाएँ।

2. मशरूम इन क्रीमी पालक ग्रेवी में तड़का डालें। 5 मिनट के लिए ढककर छोड़ दें। चपाती और चावल के साथ परोसें।

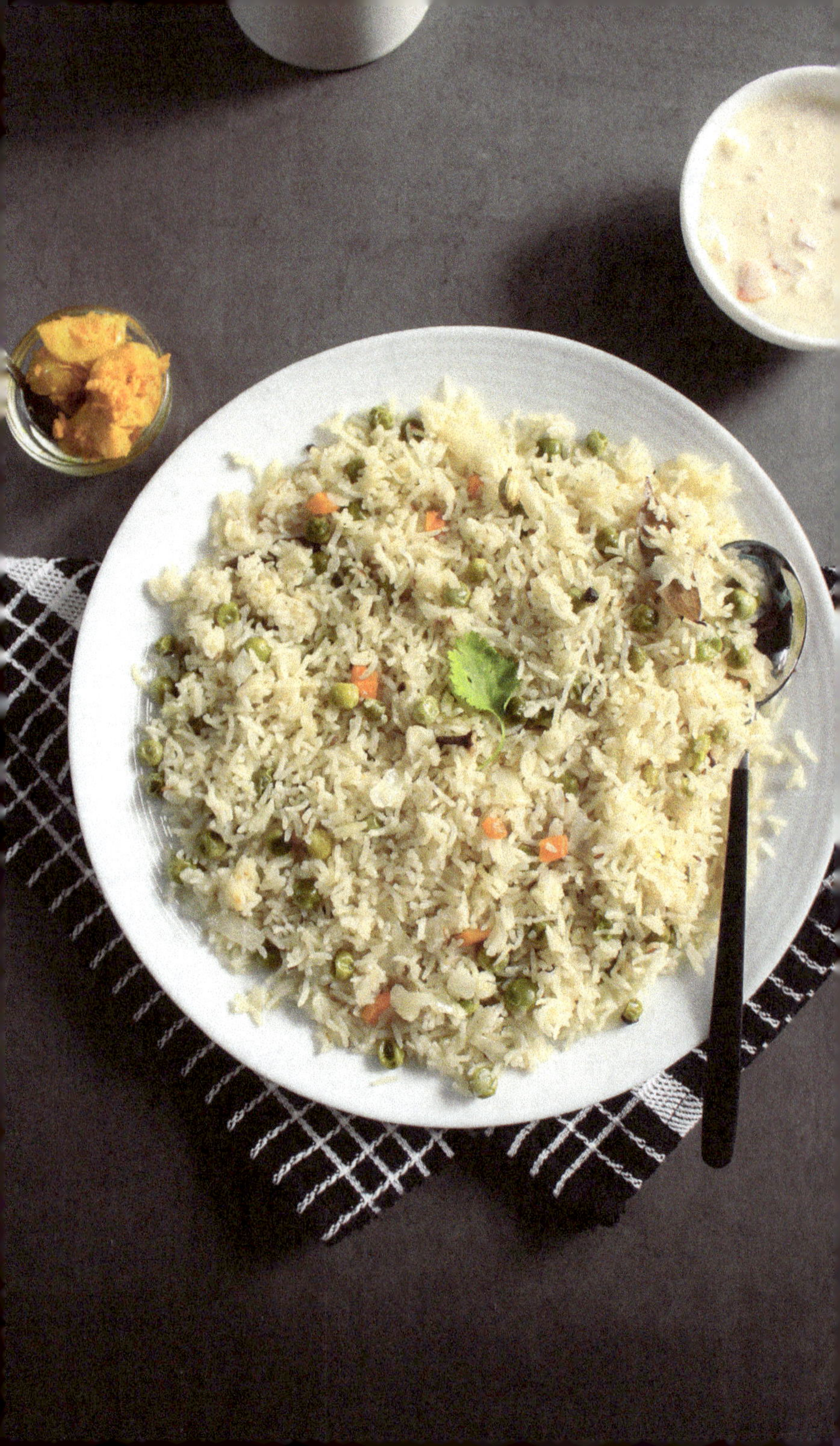

मिक्स्ड वेज पुलाव

सामग्री

बासमती चावल: 400 ग्राम
हरी इलायची: 3
मटर: 150 ग्राम
जीरा: 1 छोटा चम्मच
पत्ता गोभी: 150
हींग: ½ छोटा चम्मच
ग्राम गाजर: 150 ग्राम
तेज पत्ता: 1
लौंग: 6
नमक: स्वादानुसार
काली मिर्च : 10
घी: 2 बड़े चम्मच
दालचीनी: 1 इंच
पानी: 850 मिली

तरीका

1. चावलों को बहते पानी में धोकर 15 मिनट के लिए भिगो दें।
2. पत्ता गोभी और गाजर को काट लें।
3. लौंग, इलायची, दालचीनी और काली मिर्च को मूसल की मदद से ओखली में पीस लें।
4. प्रेशर कुकर में घी गर्म करें। तेज पत्ता, हींग, जीरा, कुटी हुई लौंग, दालचीनी, इलायची और काली मिर्च डालें। जीरे के रंग बदलने तक पकायें।
5. मटर और नमक डालें, ढक्कन से ढक दें और मटर के नरम होने तक 5 मिनट तक पकायें।
6. गाजर डालकर बिना ढके 5 मिनट तक पकायें। पत्ता गोभी डालकर बिना ढके 5 मिनट तक पकायें।
7. चावल से पानी छान लें और सब्जी के मिश्रण में मिला दें। 6-8 मिनट तक पकायें। चावल को कुकर के तले में चिपकने से बचाने के लिए बीच-बीच में हिलाते रहें। जोर से हिलायें, नहीं तो चावल टूट जाएंगे।
8. पानी डालकर कुकर का ढक्कन बंद कर दें। मध्यम आंच पर 1 सीटी आने तक पकायें। गैस बंद कर दें। 5 मिनट के लिए छोड़ दें और ढक्कन खोल दें। प्रेशर कुकर का ढक्कन अधिक देर तक न रखें। नहीं तो चावल गल जाएंगे।
9. मिक्स्ड वेज पुलाव को ऐसे ही या राजमा या दाल फ्राई के साथ एन्जॉय करें।

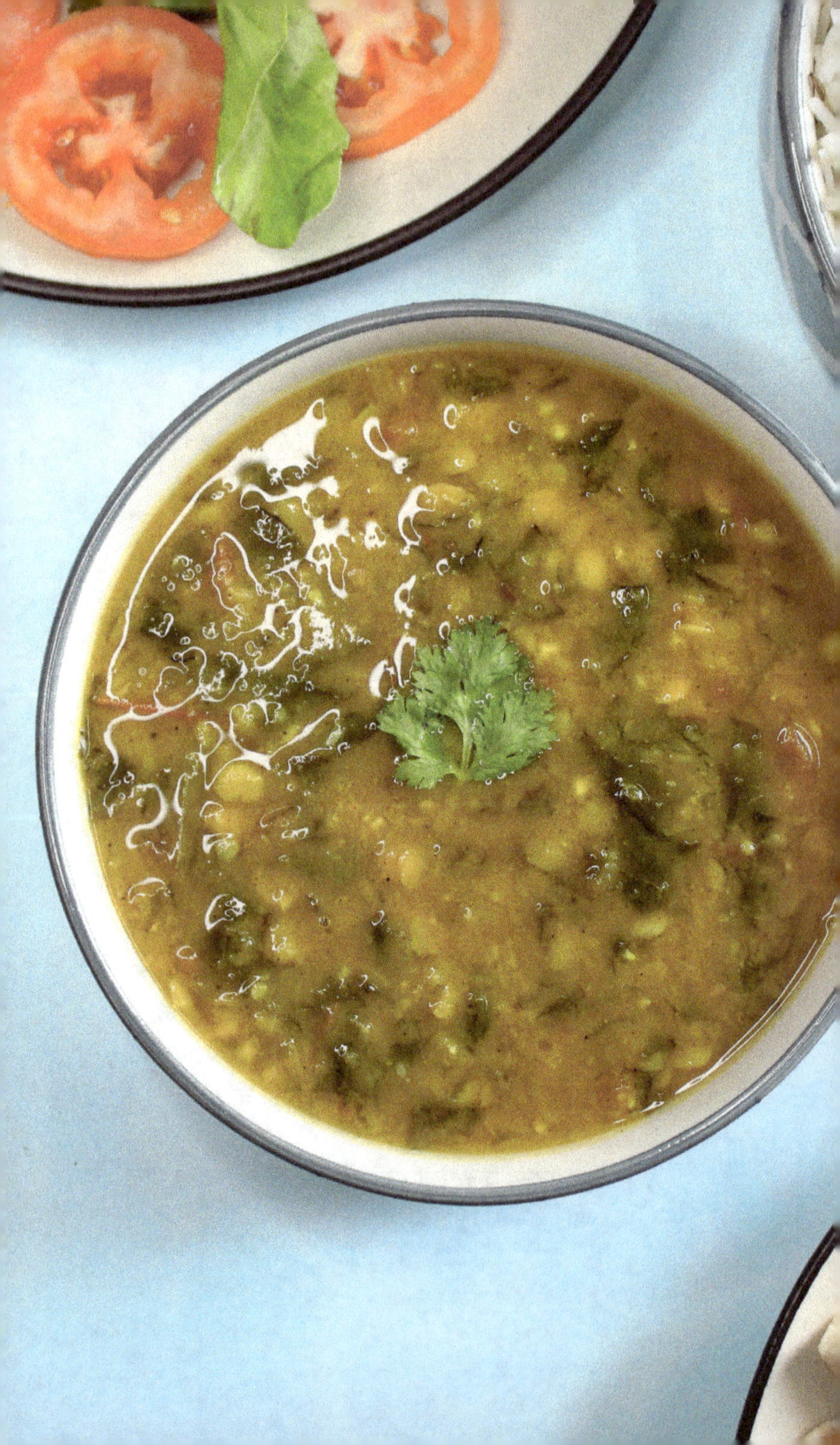

दाल फ्राई पालक वाले

सामग्री

पालक: 200 ग्राम
अरहर की दाल: 140 ग्राम
चने की दाल: 50 ग्राम
पानी: 650 मिली
नमक: स्वादानुसार
हल्दी: ½ छोटा चम्मच

तड़के के लिए

अदरक: 1 इंच
लाल मिर्च पाउडर ¼ छोटा चम्मच
लहसुन: 6 कलियां
जीरा: ½ चम्मच
प्याज: 1 मध्यम
हींग: ½ छोटा चम्मच
टमाटर: 1 माध्यम
तेल: 1 बड़ा चम्मच
गरम मसाला: ½ छोटा चम्मच
पानी: 250 मिली
धनिया पाउडर: ½ छोटा चम्मच

तरीका

1. पालक के पत्तों को धोकर काट लें। अरहर और चना दाल को 2-3 बार धोकर 15 मिनिट के लिये पानी में भिगो दें।
2. पानी फैक दें। दाल को प्रेशर कुकर में डालें, 650 मिली ताज़ा पानी डालें। उबाल आने दें। अब नमक, हल्दी पाउडर और पालक के पत्ते डालें। ढक्कन बंद करें और मध्यम आंच पर 4 सीटी आने तक पकायें।
3. एक पैन में तेल गर्म करें। हींग और जीरा डालें। जीरे के रंग बदलने तक पकायें।
4. कटा हुआ अदरक और लहसुन डालकर 2 मिनट तक पकायें। प्याज़ डालकर 5-7 मिनिट तक पकायें। टमाटर और नमक डालें। 5 मिनट तक पकायें।
5. गरम मसाला, धनिया पाउडर और लाल मिर्च पाउडर डालें। अच्छी तरह से मलायें। 10 मिनट के लिए ढककर पकायें। मिश्रण को स्पैचुला से मैश कर लें।
6. इसमें दाल डालकर मलायें। 250 मिली पानी डालें, यदि आवश्यकता हो तो और पानी डालें। उबाल पर लायें। धीमी आंच पर 5-10 मिनट तक पकायें। चावल के साथ गरमा गरम परोसें.

नोट: पालक कम नमक सोखता है, जिससे आपको सामान्य से कम नमक की आवश्यकता होगी, इसलिए नमक उसी अनुसार डालें।

शकरकंद की बर्फी

सामग्री

शकरकंद: 300 ग्राम (बैंगनी किस्म)
घी: 1 बड़ा चम्मच
गुड़: 60-70 ग्राम
बादाम: 10 -15
पानी: 100 मिली

तरीका

1. शकरकंद को भाप में पकायें। त्वचा को हटा दें और उन्हें आलू मैशर या चम्मच का उपयोग करके मैश कर लें।
2. एक पैन में गुड़ डालें। इसे धीमी आंच पर गर्म करें। जब यह पिघलने लगे तो इसमें पानी मिला दें।
3. आंच को मध्यम कर दें और एक तार की चाशनी बनने तक मिश्रण को उबलने दें। चैक करने के लिये एक बूंद गुड़ की चाशनी एक प्लेट में डालें। इसे 15 सेकेंड के लिए ठंडा होने दें। इसे अपने अंगूठे और तर्जनी के बीच ले जाएं और जांचें कि क्या यह आपकी उंगलियों को अलग करते समय एक तार बनाता है। यदि एक स्ट्रिंग बनता है, तो इसका मतलब है कि यह हो गया है। यदि नहीं, तो एक और मिनट के लिए पकायें और फिर से जाँच करें।
4. आंच धीमी कर दें और मसले हुए शकरकंद डालें और अच्छी तरह मिला लें। इसे लगातार चलाते रहें ताकि यह तले में न लगे। अच्छे से मिल जाने के बाद इसे धीमी से मध्यम आंच पर पकायें।
5. यह एक गेंद बनना शुरू कर देगी। इस अवस्था में, 1 बड़ा चम्मच घी डालें। अच्छी तरह मिलायें जब तक कि यह नीचे से चिपकना बंद न कर दे और एक नॉन-स्टिकी बॉल न बन जाए।
6. गैस बंद कर दें और इसे थोड़ा ठंडा होने दें।
7. चिकनी की हुई प्लेट पर इसे निकाल लें और 5 मिनट तक गुँथ लें।

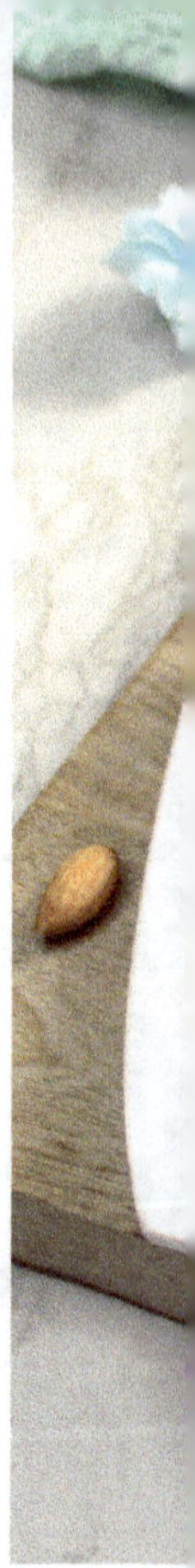

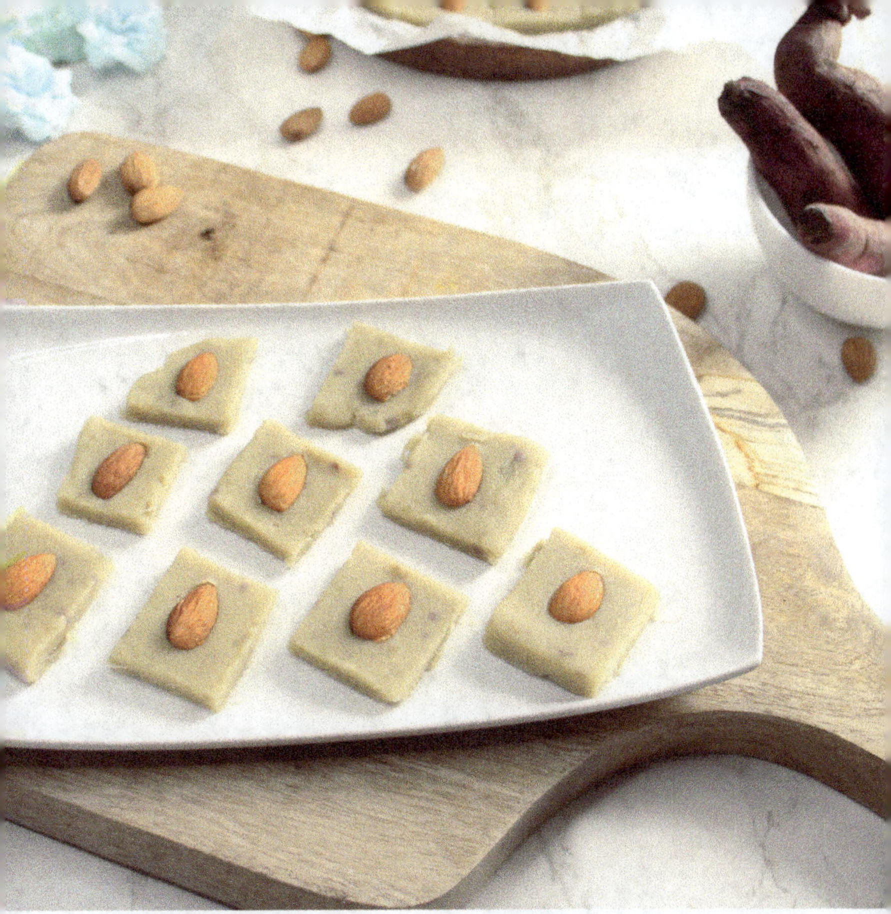

8. एक समतल प्लेट में बटर पेपर बिछाएं और उस पर आटा फैलायें। इसे हथेली से दबाकर बेल लें या बेलन की सहायता से बेलें। मोटाई 0.5 सेंटीमीटर से 0.75 सेंटीमीटर रखें। इसे ठंडा होने दें। 10-15 बादाम को सूखा भून बीच से खोल दें।
9. अपनी हथेली को लगभग ¼ छोटे चम्मच घी से ग्रीस करें और बर्फी के ऊपर से थपथपाएं। चौकोर टुकड़ों में काट लें और हर टुकड़े पर आधा बादाम चिपका दें। फ्रिज में रखें और 2 दिन के अंदर खा लें।

टिप: 1. शकरकंद को भाप में पकायें, उन्हें उबालें नहीं। उबालने से शकरकंद गूदेदार और तेज़ स्वाद वाला हो जाता है जो बर्फी के संतुलित स्वाद को बिगाड़ देता है।
2. गुड़ की मात्रा शकरकंद की मिठास पर निर्भर करती है। इसलिए गुड़ की मात्रा अपने हिसाब से कम या ज्यादा कर लें।

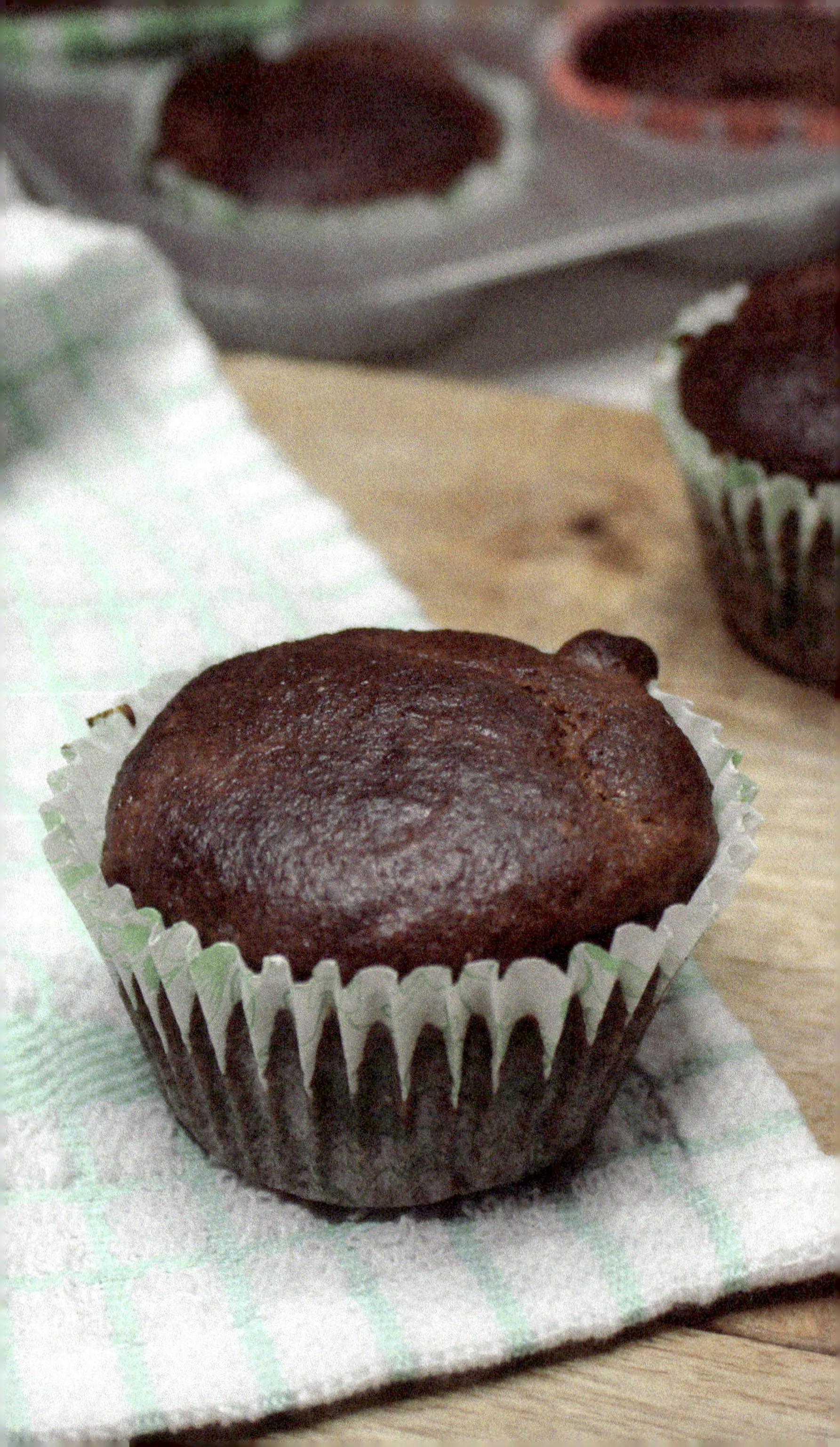

नटी कॉफी मफिन्स

सामग्री

ओट्स फ्लौर: 200 ग्राम
पानी: 100 मिली
राजगिरा का आटा: 75 ग्राम
तेल: 20 मिली
कॉफी: 2 बड़े चम्मच
कटे हुए पिस्ते: 15 टुकड़े
दूध: 100 मिली
कद्दू के बीज: 2 बड़े चम्मच
शकरकंद : 100 ग्राम
बेकिंग पाउडर: 1 छोटा चम्मच
केला : 1
बेकिंग सोडा: 1 छोटा चम्मच
खजूर: 75 ग्राम
वनीला एसेंस: ½ छोटा चम्मच
किशमिश: 20 ग्राम

तरीका

1. एक बाउल में ओट्स का आटा और राजगिरा का आटा लें। मफिन को मुलायम बनाने के लिए छलनी से तीन बार छान लें। इस मिश्रण को एक तरफ रख दें।
2. कॉफी पाउडर को दो बड़े चम्मच गर्म दूध में मिलायें। एक तरफ रख दें।
3. कटे हुए पिस्ते और कद्दू के बीज में एक चम्मच ओट्स का आटा डालें और अच्छी तरह से कोट करें। यह नट्स को बैटर में डूबने से रोकेगा।
4. शकरकंद को छीलकर मोटा-मोटा काट लें। शकरकंद, खजूर और किशमिश को 100 मिली पानी में 3 सीटी आने तक प्रेशर कुकर में पकायें। वैकल्पिक रूप से, आप उन्हें ढक्कन के साथ एक पैन में उबाल सकते हैं। ठंडा होने पर, केला डालें और पीसकर मुलायम पेस्ट बना लें। जरूरत हो तो दूध मिला कर पिसें।
5. तैयार गीले मिश्रण को एक बाउल में निकाल लें। दूध, कॉफी पेस्ट, वनीला एसेंस और तेल डालें। अच्छी तरह से मिलायें।
6. धीरे-धीरे सूखा आटा डालें और अच्छी तरह मिलायें। कटे हुए मेवे डालें और अच्छी तरह मिलायें।
7. आखिर में बेकिंग पाउडर और बेकिंग सोडा डालें। अच्छी तरह मिलायें और तुरंत बैटर को पेपर लगे मफिन कप में डालें और 180 डिग्री सेल्सियस पर 25-30 बेक करें।

टिप: बेक करने से ठीक पहले बेकिंग पाउडर और बेकिंग सोडा मिलाने से यह सुनिश्चित होता है कि एगलेस मफिन अच्छी तरह से फूले और स्पंजी बनें।

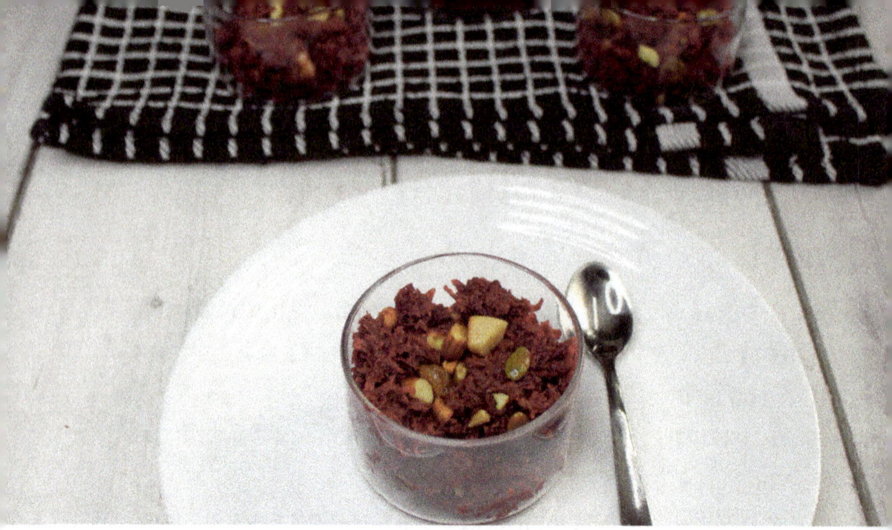

रेड वेलवेट हलवा

सामग्री

कसा हुआ चुकंदर: 300 ग्राम
गुड़: 50 ग्राम
कटे हुए मिक्स्ड मेवे: 2 बड़े चम्मच
दूध: 500 मिली
नारियल: 6 बड़े चम्मच
घी: ½ छोटा चम्मच

तरीका

1. एक पैन में घी गर्म करें। कटे हुए मेवे डालें और तब तक भूनें जब तक कि वे खुशबूदार महक न छोड़ने लगें। लगातार हिलाते रहें नहीं तो मेवे जल जाएंगे। मेवों को निकाल कर अलग रख दें।
2. उसी पैन में दूध डालकर उबाल लें। दूध को थोड़ा गाढ़ा होने तक उबालते रहें (लगभग 5-7 मिनट तेज आंच पर)।
3. दूध में कद्दूकस किया हुआ चुकंदर डालें। आंच को मिडियम-हाई रखें और इसे 15 से 20 मिनट तक पकने दें। इसे लगातार चलाते रहें ताकि यह पैन के तले में न चिपके।
4. जब दूध लगभग 90% तक कम हो जाए तो यह गीले घोल की तरह दिखेगा। इस अवस्था में गुड़ और सूखा नारियल डालें।
5. 5 मिनट तक पकायें जब तक कि चुकंदर सारा दूध सोख न ले और पैन छोड़ना शुरू न कर दे। गैस बंद कर दें। सारे मेवे डालकर अच्छी तरह मिलायें।
6. गरम परोसें या फ्रिज में 3 घंटे ठंडा करें और रेड वेलवेट हलवे का आनंद लें।

चॉकलेट श्रीखंड

सामग्री

ताजा गाढ़ा दही: 2 लीटर

वनीला एसेंस: ½ छोटा चम्मच

कोको पाउडर: 2 बड़े चम्मच

शहद: स्वाद के लिए

डार्क चॉकलेट के टुकड़े: 4 बड़े चम्मच

डार्क चॉकलेट शेव: 2 बड़े चम्मच

तरीका

1. गाढ़ी दही को मलमल के कपड़े में बांधकर रात भर या 6-7 घंटे के लिए नल या किसी अन्य जगह पर लटका दें।
2. हंग कर्ड को प्याले में निकाल लें। इसे चिकना बनाने के लिए इसे चम्मच या हैंड ब्लेंडर से ब्लेंड करें।
3. हंग कर्ड में कोकोआ पाउडर, शहद और वनीला एसेंस मिलायें।
4. श्रीखंड को मलमल के कपड़े में लें और श्रीखंड को मसल कर मलमल के कपड़े से पास करें। वैकल्पिक रूप से, श्रीखंड को छलनी से भी छान सकते हैं ताकि यह चिकना हो जाए।
5. चॉकलेट के टुकड़े डालें और अच्छी तरह मिलायें। इसे 3-4 घंटे के लिए फ्रिज में रख दें।
6. श्रीखंड को अलग-अलग प्याले में निकाल लें। चॉकलेट शेविंग्स से सजायें। बाउल को आधे घंटे के लिए फ्रिज में रख दें और लंच के बाद चॉकलेट श्रीखंड का लुत्फ उठायें।

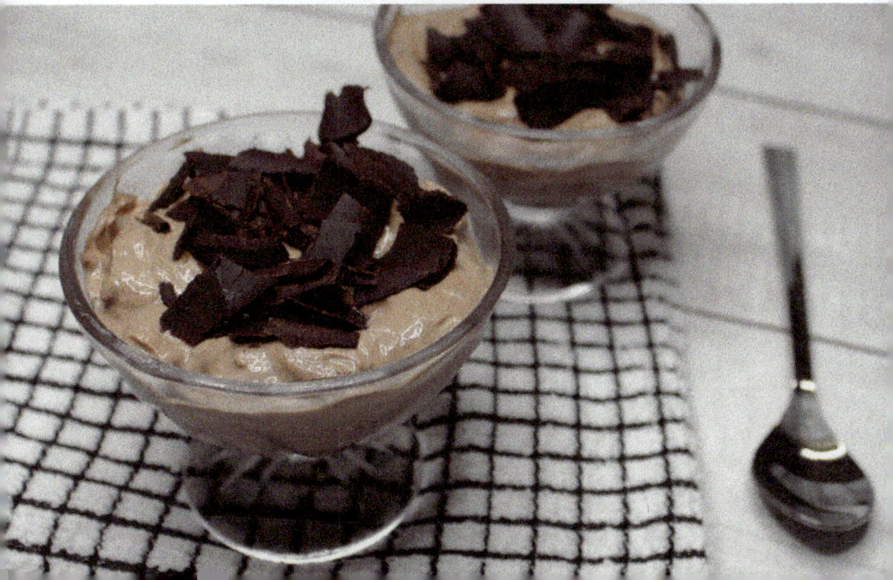

ला फॉनसिएर की अन्य किताबे पढ़ें

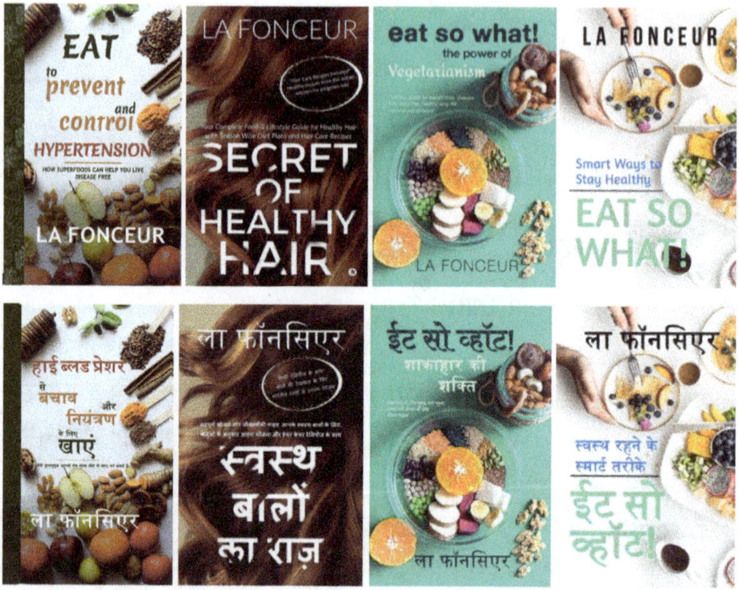

ला फॉनसिएर से जुड़े

इंस्टाग्राम: @la_fonceur | @eatsowhat

फेसबुक: LaFonceur | eatsowhatblog

ट्विटर: @la_fonceur

बुकबब पर फॉलो करें: @eatsowhat

ला फॉनसिएर की पुस्तकों पर विशेष ऑफ़र प्राप्त करने के लिए साइन अप करें:

ब्लॉग: www.eatsowhat.com

वेबसाइट: http://www.lafonceurbooks.com/

ला फॉनसिएर के मेलिंग सूची में जुड़े: www.eatsowhat.com/signup

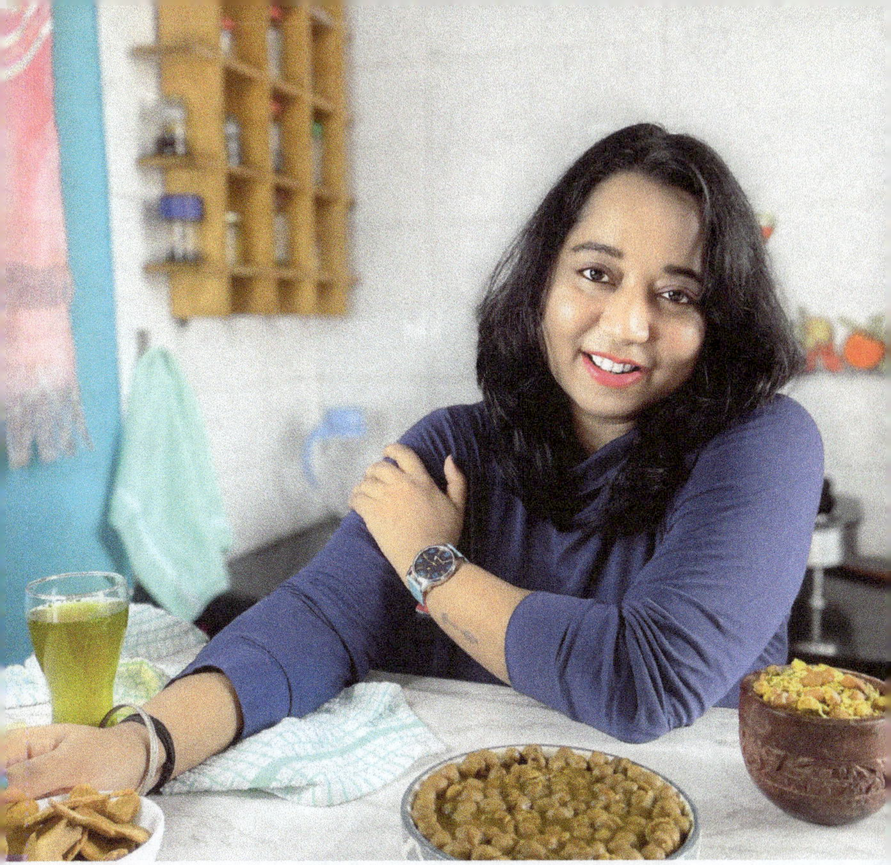

लेखिका के बारे में

फार्मेसी में मास्टर डिग्री के साथ, लेखक ला फॉनसिएर एक शोध वैज्ञानिक और पंजीकृत फार्मासिस्ट हैं। उन्होंने फार्मास्युटिकल टेक्नोलॉजी में विशेषज्ञता हासिल की है और फार्मास्युटिकल रिसर्च एंड डेवलपमेंट डिपार्टमेंट में रिसर्च साइंटिस्ट के रूप में काम किया है। वह एक हेल्थ ब्लॉगर और डांस आर्टिस्ट हैं। उनकी पिछली किताबों में ईट टू प्रिवेंट एंड कंट्रोल डिजीज, सीक्रेट ऑफ हेल्दी हेयर, और ईट सो व्हॉट! शृंखला शामिल हैं। एक शोध वैज्ञानिक होने के नाते, उन्होंने दवाओं के साथ करीब से काम किया है और अपने अनुभव के आधार पर उनका मानना है कि पौष्टिक शाकाहारी भोजन और स्वस्थ जीवनशैली से अधिकांश बीमारियों को रोका जा सकता है।

www.ingramcontent.com/pod-product-compliance
Lightning Source LLC
LaVergne TN
LVHW051010051026
849532LV00005B/1894

* 9 7 8 9 3 5 9 8 7 4 7 7 7 *